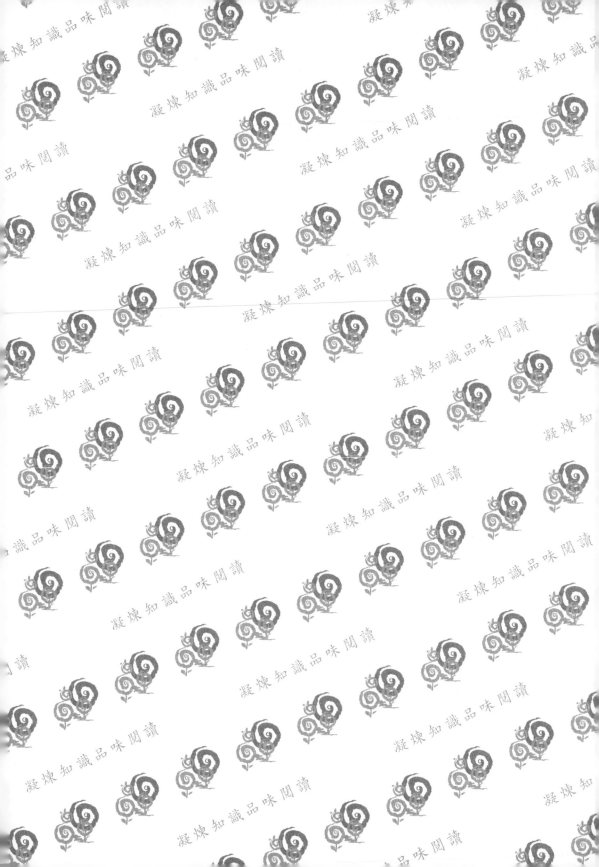

復合與和諧的生命倫理

的

Bioethics of Reconciliation

五南圖書出版公司 印行

黃榮村院長序

　　戴正德教授是正宗的生命倫理與醫學倫理專家，他不只在研究上出版深受肯定的中英文論文與專書，而且有豐富的實務經驗，參與各種政府、大學、研究機構、醫院的倫理審查委員會，以及擔任醫院的 IRB 委員。他過去在國外多所大學任教，擔任國際臨床生命倫理學會理事長，並出任多種醫學及生命倫理期刊編輯委員，現在則是中山醫學大學的榮譽講座教授。意外發現戴教授是我在員林中學讀書時的學長，現在得以為他的新書寫序，倍感榮幸。

　　在臺灣的醫學教育中，醫學人文與相關的倫理問題，一直是教育部醫教會、臺灣醫學校院長會議、臺灣醫學院評鑑委員會（TMAC）、與各大學，在推動醫學教育時的核心主題。但是醫學人文與倫理面向的考量，不是單純的課堂論證，更需要在行醫過程中實踐出來，如在實際醫療情境中，需要直接面對病人照顧、知情同意、臨終照護，甚至安樂死與醫療糾紛的爭議性討論，無一不涉及人文與倫理面向。過去的 SARS 與現在的 COVID-19，更讓臺灣與國際醫療現場，經常要處理層出不窮的倫理問題。現在臺灣的大學醫學院，愈來愈多在醫護學生與醫事學生即將畢業進入職場之前，開設 On Doctoring（行醫之道）的銜接課程，利用很多相關案例，一一向同學剖析醫學人文與倫理思考的必要性與複雜性。

　　很多與生命有關的倫理課題，其實是在不確定下做決策（decision under uncertainty）的典型問題，所以不確定性削減（uncertainty reduction）是一個應該要先做的事。亦即在非緊急狀況下，不要馬上未經思考就急著做決定，應可先透過知情選擇以及必要的溝通，讓不確定性有

機會降低，使得作理性決策所需要的資訊增多，再做比較照顧周全的決定，這樣可以減少很多不必要或甚至不能解決的爭議與糾紛。

戴教授對這些問題深有體會，依其多年的學理研究與實務經驗，寫出這本《復合與和諧的生命倫理》，貢獻給臺灣社會，讓學界與醫界有了很多有用的簡要概念與案例，以供參考與學習。我從書中摘取幾個觀點，先來與讀者分享書中的一些特色：

1. 在醫療用品不足時，醫生可以扮演上帝決定誰生誰死的角色嗎？在 COVID-19 期間，就有義大利醫生在呼吸器嚴重不足，而且在無法好好考慮的緊急狀況下，被迫決定要將呼吸器優先分配給老年人或年輕人。碰到這種決策困境時，當為一位醫者應該如何考量？最好的策略可能是預先充實醫療資源，讓醫者不要太早面對這些決策困境，以免醫療人員左右為難，陷入顧此失彼的倫理漩渦之中。

2. 科學研究中的倫理問題與生物資料庫，如何在滿足社會正當性與排除族群之疑慮後，有效推動？現在連臺灣的憲法法庭，都介入審議健保資料庫與生物資料庫等類的蒐集與使用正當性問題，臺灣要如何在醫學發展與維護人民權益及隱私性中，求取平衡？

3. 作者在書中提供了不少自己在臺灣所做的研究，如文化、家庭、與宗教因素，在病人自主權與生前預囑等項上所扮演的角色，也經常拿臺灣儒家社會與西方個人主義的特質做對比。這種放在臺灣與文化架構上的討論，讓人能身歷其境，比較深入的去了解倫理困境的源頭。

在這些糾葛的醫療決定中，需要發展出不要妨礙有效醫療的作法；尊重與溝通也不能當為拒卻及時有效醫療的藉口，更不能當為醫療不當的卸責理由。本書提供了一個平衡的觀點，由於作者本身就是本行專家，又參與處理過臺灣醫界所發生之生命倫理事件，所以也在各章節中提供相關案例，藉此討論不同觀點的處置方式，依此提出比較均衡的討論架構。戴教

授在這本書中，示範了一種如何在尊重下做溝通，來有效實踐倫理理念的方式，值得反覆參考，特此推薦給大家。

黃榮村

考試院院長

前教育部長

2022.09.07

謝世良主委序

敝人多年來從事醫學及科學教育，面對的是醫師與病人的關係，及科技對現行法規的衝擊及挑戰！四年前接掌中研院倫理委員會主任一職，有機會與熱心醫學倫理的學者，及關心受試者權益的專家及社會人士，由不同的角度集思廣益來探討各種的醫學倫理及道德議題！也因此因緣際會而結識戴正德博士！戴教授是中央研究院醫學研究倫理委員會的資深委員，也是一位氣度瀟灑及具有紳士風度的學者，在許多困難的議題往往提出精闢的見解，並獲其他委員的讚賞及支持，我也因參與討論而獲益良多。除了敬佩戴博士的學養外，也很好奇戴博士對醫學倫理的中心思想爲何？近日有幸拜讀戴博士的大作，心中的疑惑也得到解答！

隨著生物科技的急速進展，不僅現行的法規面臨挑戰，專家學者在思考及判斷一些生命科學及醫學研究是否應進行，考慮的層面也更加廣泛，因此生命倫理學的出現，就是希望能提供對生命核心價值的看法及能被大家接納的中心思想，以作爲思考及判斷的依據。戴博士在本書一開始就開宗明義點出眞誠的愛及衍生出的「對生命的熱愛與尊重」，是整個「生命倫理學」的目標，令人爲之動容並感受到他高貴的情操。我想點燃戴博士心中的熊熊之火，讓他終身投入生命倫理的教學及實踐，就是這股對生命的尊重與熱愛。本書對和諧倫理學的理念有詳盡及精闢的論述，並探討臨床生命醫學倫理及研究倫理的重要議題。相信讀者會從書中獲得許多啓示

並在心中產生許多迴響，進而能推廣生命倫理學的理念，用愛來互相提攜並豐富我們的生活。

謝世良

中央研究院醫學研究倫理委員會前主任委員

教育部國家講座教授

國家衛生研究院免疫醫學研究中心主任

2022. 09. 05

作者簡介

戴正德（MIchael Cheng-tek Tai）

畢業於加拿大 Concordia 大學，獲得比較倫理學哲學博士學位，現任中山醫學大學榮譽講座教授，中國醫藥大學醫學系兼任教授。曾任教於加拿大 Concordia 大學、美國田納西州國王學院（King College）和加拿大 Saskatchewan 大學。回臺後任中山醫學大學醫學院社會醫學科主任、通識教育處處長／中心主任、醫學人文暨社會學學院院長、及醫學倫理／醫學人文講座教授。2006-2010 年間，他膺選擔任國際臨床生命倫理學會理事長，並擔任英國《醫學倫理期刊》（*Journal of Medical Ethics*）、《歐洲生命倫理期刊》（*European Journal of Bioethics*），中國《醫學與哲學》（*Medicine and Philosophy*）、臺灣《醫學教育》、《慈濟醫學雜誌》等的編委，《臺灣醫學人文學刊》主編。也任中央研究院醫學研究倫理委員會委員、國衛院生命論壇委員，臺北榮民總醫院醫學倫理委員會、中國醫藥大學醫倫會、國立政治大學、屏東基督教醫院、中山醫學大學 IRB 委員，臺灣國家人體生物資料庫倫理委員會委員及教育與國際關係小組召集人，臺灣衛福部醫審會、新醫療技術小組、醫學倫理委員會和生物資料庫委員會委員，教育部醫學教育委員會常務委員兼通識教育組召委。出版有十餘本專著，含在臺灣出版的：《生死醫學倫理》、《超越死亡》、《新時代的醫學人文》、《醫學倫理概論》、《人體試驗—研究倫理的理念與實踐》、《基礎醫學倫理學》等等。英文著作有國際出版的 *Harmonizing Bioethics, Asian Way of Bioethics, In Search of Justice, My Life Confession and the Power of Love* 等，論文百篇以上。他是 QS 世界大學排名（QS World University Rankings）評鑑委員，2019 年國際生命倫理學獎（Fritz Jahr Award）的得主。

自序

　　生命倫理學是 20 世紀後期才出現的新學問。隨著醫學科技的神速進步，傳統的醫學倫理已經對層出無盡的臨床與研究過程中所延生的倫理難題窮於應付。醫學倫理過去所強調的大部分圍繞在醫病關係上，但如今所面的問題已跨越醫學領域，先是哲學，法律與神學上的思辯，再而社會學、心理學、人類學、政治、經濟……。無不影響人的健康與福祉。人與人之間的緊張關係，人口的增長，富裕貧困差距的擴大，科技開始改變自然……所造成的困擾，都不是傳統的倫裡學所能解決。關係的破壞如何修補？

　　倫理學家提出了不同的見解，有的強調責任義務，有的認為能帶來快樂幸福的更為重要，有的強調法律的制定，才能有公平，也有學者主張人的品德是解決問題的根源。每一學派都有它的道理，但現在我們所遇到的問題是全面性的，因之我們務必重新檢討我們的認知。從 20 世紀開始人類科技之發展對醫療，社會與環境的衝擊是巨大的，因之各個環節都必須融入新的生命倫理的思考當中。倫理學的理想是真善美義的落實，用什麼樣的方法才能為世界開創一條新道路呢？鬥爭不是倫理學所推崇，仇恨只會帶來更多的仇恨，世上的和平及人間的幸福只能在互相接受，互相提攜，互相關懷中來建立。換句話說，我們須要用合一的心，共同牽手向前。生命倫理的啟蒙者 Fritz Jahr 提出要尊重生命，不只人類也應包含所有生命並盡所能來力行之。Jahr 希望建立一個全球性之整合生命倫理學（globally integrated bioethics）。本書沿著他的呼籲提出一個復合和諧的

概念。

　　我以 Bioethics of Reconciliation 爲本書的英文書名。Reconciliation 是和解也是復合更是和諧。這些字言在本書中混合使用，他們所強調的都是同樣的意念。

　　我於 2019 年在德國出版了一本以英文書寫的《和諧生命倫理學——整合全球之人類與價值》（*Harmonizing Bioethics – Global Ways in Integrating People and Values*），得到不少迴響，但在臺灣卻少有人知悉。美國喬治城大學甘迺迪倫理研究所前歐洲組主任，也是世界知名之醫學倫理學者 Hans-Martin Sass 博士鼓勵我也出版中文版與國人分享，所以選了幾篇其中幾個章節加上另外發表在國內外期刊之文章，得國內頗具盛名的五南圖書出版公司應允發行，其實這個主題的書在臺灣有興趣的人不多，市場有限，還能得出版，銘感五內。本人的國文程度已很「落漆」，表達不盡清晰，打中文又一錯再錯，失誤之處在所難免，欠缺之處如能再版時會予修正。敬請見諒。

　　很感謝前教育部長，現任考試院院長黃榮村校長在百忙中爲本書寫序，中央研究院醫學研究倫理審查會主委，得過很多國家獎項的教育部國家講座教授，基因醫學與免疫學專家謝世良醫師也寫序幫我推薦，是本人無上的光榮。謝謝中國醫藥大學畢業，現在中國清華大學研修碩士學位的彭期安同學，在暑假返國期間幫忙翻譯我本以英文所寫的論文成中文。又我的助理陳梅菊小姐協助中文打字。我遠在加拿大的家人，Davina、Tatrina、Carol 默默的代禱與祝福。誠從內心致上我摯懇的感謝。我已超過古稀之年，這本書可能是我有生之年所寫的最後一本書。感謝創造主給了我一個不缺挑戰的人生，我有所虧欠。願上帝憐憫鑑察我心。

　　在無窮盡的宇宙中，地球的美麗驚嘆萬世。但地球中所居住的人類卻有從未止歇的紛爭。倫理學是一門探討是與非，善與惡的學問，而以眞善美義的落實爲目的。希望重和諧試圖恢復關係的生命倫理學，能從培養德性開始來創造一個美麗的新世界。

戴正德 誌

2022. 09. 03

目 錄

黃榮村院長序　i

謝世良主委序　v

作者簡介　vii

自序　ix

第一篇　復合與和諧的生命倫理

第一章　生命倫理學是對生命的熱愛與尊重　　003

第二章　整合的生命倫理學是邁向人類新時代的橋梁　　019

第三章　邁向和解（諧）的生命倫理學　　029

第四章　靈性、關懷與生命醫學倫理　　045

第五章　整合的健康視野　　063

第二篇　臨床醫學倫理

第六章　生命盡頭的決策——誰來做決定？　　077

第七章　亞洲人對器官移植的看法　　089

第八章　自然與非自然——道家哲學思想在生命倫理學中的
　　　　應用　　099

第九章　Jahr的生命倫理要求和安樂死　　111

第三篇　醫學研究倫理

第 十 章　避免生物醫學研究中的利益衝突和偏見之實踐　121

第十一章　兒童在人體試驗或醫療決策中擁有自主權嗎？　133

第十二章　由COVID-19所衍生的醫療正義問題──優先
　　　　　治療年輕易康復者，是否已成為常態？　143

第十三章　人工智慧對人類社會和生命倫理的影響　155

第十四章　科學研究中的欺騙／作假與知情同意──以社會
　　　　　與行為研究為例　169

第十五章　生物資料庫社會正當性的探討　181

第四篇　生態與生命倫理

第十六章　人類生活與環境　197

第十七章　未來即都城──都會生命倫理學觀點　209

第五篇　倫理抉擇的方法與當務之急

第十八章　生命倫理使命的呼籲與倫理抉擇的模式　223

第十九章　生命倫理學的當務之急　235

第一篇　復合與和諧的生命倫理

第一章 生命倫理學是對生命的熱愛與尊重（Bioethics as the Love of Life）

　　愛是生命中最珍貴的東西，沒有愛一個人就無法生長，我們因父母的關愛照顧而長大。所有的生物都不能沒有愛的滋潤，我們活在愛中。生命倫理也就是為了要強化這個愛而努力。愛由關懷、疼惜、憐憫、養育……來實現。它在彼此的關係中來完成。但是形成關係的動機與目的各有不同，有的是無私的奉獻，有的卻是有條件的。有的重過程，有的以結果為依歸。生命倫理學所強調的是對所有生命的尊重與關愛，在有摩擦時尋求和好恢復關係，和諧相處，因為那是生命本身的意義與使命。

　　我們的生活中，無時無刻存在於關係之中。每天我們透過社會交往或商業交易與人與物發生連繫。沒有人能夠把自己與一波波的連繫隔離開來，即便是隱士也不例外。在與外界的連繫中使我們與人相處的能力變得更強，心智更成熟，心理也更健全，境界更高遠。但是，所有的交往連繫都應該有準則和格質。我們稱之為倫理，那是在生活中與他人與物發生連繫時的適當方式。與人接觸進行交談，與人做生意或是去看病，人與人之間就發生了人際交往的連繫；有寵物的人則與他們所養的動物產生飼養關係，在河邊散步或者到公園蹓躂，我們又和自然界產生了連繫。

　　所有的這些倫理關係最初是怎麼產生的呢？最基本的倫理基礎是人們相信生命神聖而珍貴，需要有尊重的修養和禮貌的儀態誠懇相待。因此，生命的神聖性奠定了的倫理學的基礎，給它提供了庇護。最早提出生命倫理（bio-ethics）概念的德國學者 Fritz Jahr 引用叔本華的話說：「尊重生命的本質應該在生命的神聖性和已顯現的生命現象上來理解。」[1]

眞誠的愛是生命倫理學的目標

在 Jahr 的著作中，除了強調人與人之間的關係外，他花了很多時間討論對動物的同情心，這反映他「尊重每一個生命」的中心思想。Jahr 將「不可殺人」的誡命解釋爲不僅針對人類，而且是對所有的生物。換言之，Jahr 呼籲我們兼愛地球上的一切生命。這種思想對東方的亞洲人來說並不陌生。中國古代思想家之一，墨子就堅持愛應該是普遍的，沒有層次，他反對孔子以父母爲先的教導。墨子說，如果每個人都先愛自己的肌膚，那麼當每個人都試圖保護自己免受傷害，爲自己帶來利益時，就會出現失和與戰爭。他解釋說：「現在封建君主只知道愛自己的國家而不知道愛別人的國家，所以他們毫不猶豫地動員自己的兵力去攻擊別人……當一個人只知道愛自己而不知道愛別人時，他就會毫不猶豫地動員自己的人去傷害別人。」[2] 他說：「人類應該譴責這種以自我爲中心的情感，而應以博愛取代之。這表示每個人都必須把別人的家庭視爲自己的家庭，然後每個人都會彼此相愛，不會互相傷害……如是，世界將是和諧與和平的，當世界上所有的人都彼此相愛時，強者不會侵略弱者，多數人不會壓迫少數人，富人不會侮辱窮人，尊貴的人不會不顧卑微……因爲兼愛，我們世界上所有的災難、篡奪和仇恨都將可以避免。」[2] Jahr 對這個和諧的世界也有類似的願景。用 Hans M Sass 的話來說，「爲生活而競爭和奮鬥是生活的重要組成部分，因此生存的義務和動力必須與對他人生命和奮鬥的尊重相平衡。」[3] 因此，生命倫理學「是一個關於愛的概念，平衡了選擇和決定的利益和風險。」[4] 尊重每一個生命，並盡可能以此待之。

尊重生命是生命倫理學的基本原則

　　醫學倫理學以尊重人之自主原則來體現對生命的尊重，這是西方醫學倫理最重要的課題。尊重人使每一個人能表現個人意願去選擇並執行自己的決定，不受欺騙，不受脅迫，不受約束或強制。美國 1973 年公告的貝爾蒙報告（Belmont Report）指出「尊重人包括至少兩個基本的倫理信條：第一，個人應該被視為自主的個體；第二，自主能力不足的個人則應受到保護。」[5]

　　尊重也是一種社交禮儀。它不僅是待人態度的外在表現，而且需要發自內心願意去尊重。換句話說，它應是一種品德。尊重是從內在之誠懇和外在的態度來表達對人的善意和敬重。儒家禮儀教育一直把尊重視為一種美德。在 Michael Tai《亞洲生命倫理學》（*The Way of Asian Bioethics*）一書中，作者寫道，「孔子主張的三個美德的表現是在社會交往中行為得體、舉止有度及孝道中的敬孝」[6]。儒家觀點的尊重指的是如何敬天憫人等等。國家君王每年代表所有臣民按禮儀祭天，以教導並提升人民敬虔之情。孔子說祭祀時必須以神靈真的即在，並表現出敬畏。他說，「祭神如神在」，「丘之禱久矣」[7]，「獲罪於天，無所禱也」[8]。

　　尊重意味著崇敬、真誠、熱情、甚至謙恭的態度。君臣、父子、夫妻，兄弟和友悌的五倫關係是儒學的思想核心，描述了人生在世之五種主要關係，孔子說：「施諸己而不願，亦勿施於人」，「所求乎子，以事父……所求乎臣，以事君……所求乎弟，以事兄……所求乎朋友，先施之。」[9]。當談到與人相待時，孔子說：「己所不欲，勿施於人」，「服侍你的父親，就像你要求你的兒子服侍你一樣……像你要求臣下為你奉獻一樣，你也如此服侍屬下……像你要求他人為你服務一樣，你也回饋朋友樹立榜樣。」[10] 這種態度被稱為忠恕的信念，仁的實踐，履行一個人在

社會上的責任和義務。無論是對天還是對人，尊重都是仁的實踐，這是儒家思想的核心教義。如果說尊重是內在愛的外在表達，那麼它就是道德的基礎，就像仁慈或愛一樣。

　　Jahr 呼籲我們必須尊重所有生命，其態度的表達可用猶太哲學家 Martin Buber 的 I-Thou，I-You 及 I-It 理念來了解。彼此之間總是要把他人視為「祢」或「你」，而非視為「它」。聖方濟（St. Francis of Assisi）疼愛並視自然界中之飛鳥、地上之狐狸走獸為他的兄弟 [11]。那種尊重是出於愛的內在感覺而表現出來的。

生命倫理學是對生命的熱愛

　　生命倫理學是一門新學科還是一個概念？近年來，生命倫理學已成為學術界的一門新學問。學者們研究，辯論與生活有關的問題。主修生命倫理學的學生可以獲得學位。這無疑證明生命倫理學是一門學科。但生命倫理學絕不能只是一門學問。為了使生命倫理學豐富我們的生活，它必須成為一種文化，一種尊重生活的態度。倫理學總是「比善惡」的遊戲更勝一籌，正勝於邪，愛勝於仇恨，和諧勝於混亂，和平勝過戰爭，生命勝過死亡。生命倫裡學選擇了真、善、美，義的落實為目標。換句話說，它提倡生活中所有人人之間的真善美與信望愛的和諧關係。難怪希波克拉底（Hippocrates）主張不傷害及為善，摩西及釋迦牟尼教導「不可殺人」，耶穌勸勉要「愛人如己」。Jahr 也一再呼籲一種超越人類範圍的愛。所以生命倫理是對生命的熱愛，用愛來互相提攜。為了給生命倫理學一個新的面貌，紐西蘭的生命倫理學家 D. Macer 寫道：「對生命的熱愛是生命倫理學最簡單，最包羅萬象的定義，它在世界上所有人中都普遍存在著。」[12] 當我們試圖在人類社會交往中促進和諧的關係時，它是社會倫理，要增強

醫病之間的良好關係時，它成爲醫學倫理，在地球環境中對待自然界的存在時，它就是生態倫理了。

　　Jahr 的核心理念是：「尊重每一個生命，尊重它存在的目的，並盡可能以此待之」。但什麼是尊重？它必須不僅僅是一個概念，它應該是一種文化，一種態度和實踐，以便所有生物都將因「憐惜和愛」而得到照顧。Jahr 使用了同情、保護、不殺人、憐憫、正義……等詞語來描述這種尊重行爲。史懷哲（Albert Schweitzer）也談到了對生命的尊重，他認爲對所有生命的敬重，不分高等和低等生命形式，我們必須根據自己與它的關係來相待。生命本身是神聖的，因此，任何尊重和關心生命自然發展的方式都是我們應該做的。我們絕不能傷害任何生命。Jahr 說：「保護動物與倫理之間密切相互關係的事實，最終是基於這樣一個現實，即我們不僅對人類有道德責任，而且對動物甚至對植物負有義務，這樣我們才能談論生命倫理。」生命倫理學，對他來說是所有表達愛的行爲之實踐。在這裡，我們可以看到 Jahr 的論點是雙重的，一個是動物植物及環境倫理的基礎，另一個是人類必須培養對自己的同類之尊重態度。

　　在一個人能夠愛之前，他必須感到「痛」，一種心靈的疼痛，迫使一個人做一些事情來幫助和關懷他人。在臺語中，「愛」與「疼」是同音的，意味著心疼或愛是由內心的疼痛中升起的。一個人必須首先產生感受，憐惜他人或對人好感，才能發出愛，採取行動並表達愛惜。心疼導致願意伸出愛之手。孟子說：「人皆有不忍人之心。今人乍見孺子，將入於井，皆有怵惕惻隱之心；非所以內交於孺子之父母也，非所以要譽於鄉黨朋友也，非惡其聲而然也……。惻隱之心，仁之端也。」惻隱之心，人皆有之。突然看到一個小孩要掉入井裡，人都會頓生驚恐痛苦之情。此種情感，不爲獲得小孩父母的感激，不爲得到鄰居朋友的讚揚，也不爲免除沒有拯救小孩而擔上的無人道的惡名。因此：「惻隱之心，仁之端也」（孟

子 2A 6），所以熱愛生命表現在對人與物之關懷上。那我如何去愛生命呢？

如何熱愛生命？

今天人類居住在一個歷史上科技最發達的時代，不論衣食住行，樣樣都是上乘。外出不但有車代步，工作也有電腦代為設計，機器人也代付出勞力。人類天天吃喝玩樂，打扮得花枝招展，而且又能不出門得知天下事，手機，電視機一開（而且可以搖控），樣樣的節目都有。而且我們也將步入一個稱為元宇宙的科技時代，在這個時代裡人不必相聚也能互動相見，也能從事遠距教學，醫療，也能由機器來為病患開刀……。人類真是天之驕子，好似生活在新伊甸的樂園裡。

但另一方面，我們也看到人類的心靈在哭泣，人類在物質享受的顛峰裡，卻突然失落了，從生命意義的面鏡中找不到自己，於是酒精也好，迷幻藥也好，凡是能幫助人解脫尋找不到自己的痛苦的，樣樣都好。這種情境，不是歷史對人類最大的諷刺嗎？人啊！在你爬上巴別之塔（Tower of Babel）時，卻突然發現塔梯是中空透明的，怎麼辦啊？

20 世紀存在主義的文學，在充滿感傷絕望之餘，有人把一切的因果歸咎於偶然。他們說：「生命是一連串的偶然，在偶然中相遇，又在偶然中得到，卻又在偶然中失落。」他們認為生命中所發的事，溯其源乃是偶然的因素而始。除了在偶然中相遇，或由偶然中發展而成的事之外，人類都將在永不相接連的雙軌道中，奔波於永無結果的道路上而消失在茫然當中。他們認為人的誕生就是一種偶然的現象。為什麼會有您，我或他？父母的早一日結婚，慢一日成親，都將影響你我的存在。

如果生命真是一連串的偶然的話，人的努力，人的一切血汗，都

將成為徒然的，而 19 世紀中葉，大聲呼籲偶然性哲學的布卓斯（Emile Boutroux），也將永垂不朽了。但人類的苦痛，生態的破壞，人權的被蹂躪，也都是偶然的結果嗎？到底生命的意義是什麼？這是一個自古至今哲學、神學、文學、藝術……所探討的主題之一，也是所有人文科學所耕植的領域。二十個世紀過去了，但人類的智慧還思索不出它的所以然，而繼續的在摸索之中……。也許海明威的話可以給我們一些啟示。他說：「人的價值在於他不被消滅的精神，生命的意義在於人不被征服的意志。」是的，他在「老人與海」的故事中也充分地描述了生命不是為了失敗而存在的真諦。不過弔詭的事是這位思想家與生命的勇者卻在 62 歲的時候舉槍自盡了。生命到底是為了什麼？

宿命論者的結論是生命是一個衝不破的枷鎖，但也有人認為生命只不過是很多無意義之事件的連串。但積極面來看，生命應是一種為真為善為美而存活的存在。人生本是追求，而生命就是追求真善美的過程。不論你在追求中得到，或在追求中失敗，只要你真誠的去追求，只要你不被擊敗（雖然可被消滅），你就是一位永恆的同行者，也是一位熱愛生命的人。《戰地春夢》（*A Farewell to Arms*）裡面，在那命運（偶然嗎？）可怖的陰影中，亨利沒有退縮；他知道他和凱薩琳的愛情中沒有什麼神聖的東西，他知道他們不能結合，甚至不能完全逃出恐怖的戰爭（到底戰爭的意義是什麼？）但他沒有退縮，他能夠做多少就做多少，他盡了他的力量，而凱薩琳臨死前，也變得堅定，安然沒有絲毫的恐懼感。看啊！「他這個勇敢而又可愛的人」，豈非是熱愛生命的人？雖然他所希冀的真善美，他所夢寐的理想，因人類的迷失、墮落以及環境的壓力而無法實現，不過他就如同「不敗者」，乾了永恆的杯，為了尊嚴而獻出了生命，展現出生命的光輝。的確，為了理想而犧牲奮鬥是值得的，因為他們向生命致了最高的敬意。

　　如何熱愛生命呢？一天過了又一天，日出日落，世上會有使人振奮的事嗎？

　　首先，我們必須接受也肯定生命，用積極的態度面對生命。相信「天生我才必有用」，去發現每一個人活著的目的。生命如果是偶然的現象也要使之變成必然，讓它有意義有價值。我們要相信人的出生一定有原因，也就是不是偶然的現象，肯定生命是第一個必需確定的信念。

　　再則，必須去強化本身，本身如果無根基，就不可能在風吹雨淋中建立起來，因之必須自我裝備，不但要有健康的身軀，也要有知識才能應付變化無窮的世界。第三，深化認知。認知有二種，一種是天真的認知，這種認知不會思考反省，用過一天算一天的態度生活，不求進步只滿足於現狀，那就似一種退步。另一種的認知叫做批判的認知，它會用心思考，探求新知識，用批判的態度去創造契機使生命發揮功能。

　　第四，實踐履行，「養兵千日用在一時」，當你準備完成，就要投入所定的事工。人不要只為自己，更重要的就是要幫助需要的人。

　　歷史上熱愛生命的無名英雄不知凡幾？為了理想，為了真善美，為了信望愛，也為了公義，為真理而獻出生命與心血的，他們的精神必永留萬世。精神文明的提倡雖是一個未必能窺見其成果的努力，但看見先人熱愛生命所付出的心血，不禁要令人說：我們也該做些嘗試吧？現代歷史上有無數影響後世深遠但卻鮮為人知的先賢。我們向他們致敬：

1. 戴敏神父（Saint Damien de Veuster）

　　夏威夷的一個叫莫洛凱島（Molokai）的島嶼是 19 世紀美國所有痲瘋病人聚集的地方。一旦一個人感染了痲瘋病，他或她就會被遺棄並被送到一個四面環海的偏遠地方島上。那裡的人們只能等待末日來臨，沒有護士，沒有醫生，沒有商店，什麼都沒有……。人們必須找到自己的生存之

道。這些痲瘋病人被遺棄，毫無顧忌地讓他們受苦消逝死去。比利時人 Jozef de Veuster（Damein）聽說了這個故事，就自願去那裡為這些人服務。當他到達時，所有痲瘋病人都不喜歡他，因為他是島上唯一乾淨的人。不管怎樣，他做了各種各樣的事情來幫助這些人。一天早上，當他召集所有痲瘋病人祈禱時，他說：「我們痲瘋病人必須照顧好自己。我們留在這裡並不孤單。我們擁有彼此。」這些痲瘋病人想知道他為什麼說，我們痲瘋病人呢？Damein 在多年無畏無私地為這些病人服務後，也感染了這種疾病。他知道自己遲早會被感染，但出於愛，他無所畏懼。他留下來照顧那些不幸的人。自 24 歲起，他就再也沒有離開過莫洛凱島。原本他沒有打算成為一名神父，但因為愛，他願意和那些人一起受苦。

　　除非我們被愛的力量所驅使，並被熱情所激勵，願意為他人而獻出自己的生命，否則沒有人會這樣做。這就是靈性的光輝。2009 年他被羅馬天主教會冊封為聖人。教宗本篤十六世說：「戴敏神父做出了前往莫洛凱島的選擇，並非沒有恐懼和猶豫。他願意將自己暴露在疾病中，以便有人可以照顧那些被遺棄的人。」「戴敏教導我們選擇美好的戰鬥，不是那些導致分裂的戰鬥，而是那些將我們團結在一起的戰鬥。這就是熱愛生命的例子，願意為他人犧牲自己。不過熱愛生命不一定要像他那樣犧牲本身，只要我們願意去幫助需要的人，就是只有陪伴，給予安慰就能讓生命有價值。」

2. 法蘭克（Viktor E. Frankl）

　　他是一位奧地利猶太人，也是一位醫生。在 1942 年他與另外 1500 人被送上火車，沒人知道等著他們的是什麼。直到火車停下，大家看見營前寫著 Auschwitz，紛紛驚叫起來。德軍叫他們把行囊留在車上，並從一位長官前走過，長官會把人群指向左右兩邊分為兩列。Frankl 把他的學術研

究藏在外套下，挺直腰桿向長官走去。在短暫的遲疑後，長官將他指向了右方的隊伍。當晚，這個「指頭遊戲」的謎底才揭曉——這是第一次的篩選與判決。被指向左邊隊伍的人幾個鐘頭後就被運往火葬場，命喪毒氣室裡。他倖存了下來。幾年過去戰爭逼近尾聲，Frankl 知不逃亡便會死，與營中的友人正打算逃亡時，一名紅十字會的代表前來營救。二人欣喜若狂，納粹宣布要將他們運往他營與戰俘做交換。所有人都上了卡車，唯獨兩人被落在後面不能上車，其中一個就是他。當晚戰火線打進營中，納粹投降。原本的卡車並沒有照原計畫走，而是將人送到鄰近的營中，放火燒了。他又存活了下來。這是偶然嗎？或是生命中的每件事情的發生都有它的意義存在？

在集中營每日只有十點五盎司的麵包和稀湯、寒冷、危險的工作（挖土補鐵軌）、虐待狂的監工。他曾受主任醫官的請託，希望他以自願方式前往斑疹傷寒病患區。

他說：「我知道我在工作隊裡，必然不久於人世；然而我如果非死不可，總得讓自己死得有點意義。我想，我與其漫無目的地苟活，或與其在生產不利的勞動中拖延死亡，還不如以醫師的身分幫助一同蒙難的人離去。這種死，我覺得有價值多了。」

他說：「一個人若能接受命運及其所附加的一切痛苦，並且肩負起自己的十字架，則即使處於最惡劣的環境也能加深生命的意義。險惡的環境，提供他獲致精神價值的機會，這機會，他可以掌握，也可以放棄，但他的取捨，卻能決定他究竟配不配得上他所受的痛苦。」「如果人生真有意義，痛苦自我則有其意義。」

Frankl 認為，人在一切情況下，包括痛苦和死亡在內，都能夠發現意義。忍受痛苦是為了活下去，人在受苦中發現某種意義，才能達到倖存下來的目的。在他的情況下人其實並不自由，但是人可以超越這些限制而進

入更高的精神層次，這就是靈性。

意義的發現是由於三個因素造成的：要從事某項工作（activity/event），要關懷愛人（relationship）以及對苦難的救贖觀念（method）。儘管他的環境艱苦，他仍然致力於進入集中營之前開始的研究。他還堅信家人正在等他，這使他得以存活。但他的家人都死在納粹的手裡，經過時間和反思，Viktor Frankl 在痛苦中看到了超出目的的痛苦，這種意識使他的經歷更光明，並幫助他度過了大屠殺的最糟糕時期。許多人因為絕望放棄抵抗，而行屍走肉的苟活喪失生存意志。而 Viktor Frankl 的一生對生命卻是充滿了極大的熱情，領會出「意義治療法」，成為心身醫學的新思維。

3. 羅慧夫（Samuel Noordhoff）

1959 年羅慧夫在美國住院醫師訓練的最後一年，收到一封來自臺灣馬偕醫院院長夏禮文醫師（Dr. Clarence Holleman）的信，徵求一位宣教士醫師到臺灣去。

羅慧夫夫婦決定接受這個召喚。那時的馬偕面臨嚴重財務危機，醫療設備、建物都是老舊古董，且醫師也在外面兼差……。老醫院被時代拋在過去，沒有制度，沒有願景，在歷史的包袱中，似乎看不到未來。羅慧夫就是在這樣的情形下來到馬偕醫院。羅慧夫非常強調「全人醫治」，在肉體之外，還要關心病人的心靈。在這方面，羅慧夫不喜歡早期馬偕醫院用廣播全院放送的方式，而改用探望各個病人，探問他們的需要。當時小兒麻痺症正在流行，看到許多的小孩罹病無藥可醫，他引進沙克疫苗也立刻成立了臺灣第一家小兒麻痺治療中心，他注意到臺灣有許多唇顎裂的小孩，於是回美再學習，回臺後為這些病人提供改變他們一生的醫療也奠定臺灣整形外科的基礎。另外臺灣第一個加護病房（ICU），第一個燒燙中

心，第一個「自殺防治中心」及「生命線」都在他手上建立。但他的努力
受人的誤解，不得不離開馬偕但他從不怨言，繼續爲臺灣的病人服務，一
生奉獻臺灣。

上面所提的三個人都是用生命奉獻給另個生命的事蹟，熱愛生命就是
要造就生命，不只自己的生命也爲別人的需要來打拚。他們的一生就是熱
愛生命的寫照，教我們如何生活。他們的精神都成爲後世人熱愛生命，肯
定生命之意義的靈感源泉。「人的價值在於不被消滅的精神，生命的意義
在於不被征服的意志。」「生活的目的在於增進人類全體之生活，生命的
意義在於創造宇宙繼起之生命。」

活著的人都有一個生命，有些也許是平凡的，有些也許是不平凡的。
平凡的生命應該追求不平凡的生活，不平凡的生命，應體會平凡的滋味，
就如同人不能永遠保持靜面或動面一樣。靜面是思想，動面是追求。在思
想與追求的相配合下，才會有生命動力的表現，一個平平凡凡的生命，就
失去了存在的意義。

現代精神分析維也納第三學派創始人法蘭克（Viktor E. Frankl）強調
說：「要使生命有意義，我們一定要在苦難中，愛的經驗中，死亡的挑戰
中及工作中去發現責任。責任使人產生存在的意義，也產生積極的動力去
面對未來而勇往直前。」

到底什麼是責任呢？馬克斯韋伯（M. Weber）說：責任不是一種消遣
或副業（avocation），責任是一種完全的獻身，也是一種神聖的確信。責
任不是一種負擔（obligation），而應是一種天職（vocation），是不計較
成敗得失地盡力而爲的。

提及責任人們常會問說：我負責什麼？爲什麼負責？這些問題已經
歪曲了責任的眞正意義，責任不是一件東西，而是一種關係。李察尼布爾
（H. Richard Niebuhr）與伯納黑爾林（Bernard Haring）都強調，責任是一

種回應呼召的表現。

　　我們的生命如何才能充滿意義呢？首先我們一定要熱愛生命，因為生命的目的就是要成就他人。其過程不外乎作為一個負責的人，是全心全意的獻身，而不是消遣或副業。舉目觀看我們的責任，它不只是單面的，而是三面的，也可以是多面的。我們至少有人對終極實在（或上帝），人對人及人對自然的責任，其關係不但重疊，而且是連貫的。作為一個有良知的人，我們豈能不熱愛生命，而向永恆致敬獻身？雖然盡責任的人未必能一一成功，而且有時得接受苦杯，但熱愛生命的人他的精神永不被消滅，其意志也將永不被征服。杜斯托也夫思基在《卡拉馬助夫兄弟》中，描述道：「說生命嗎？生命會給你許多不幸，但為了這些，你還需快樂，你還需祝福生命，使別人也祝福生命。」這便是杜斯托也夫思基的偉大神秘，他祝福生命，使別人也祝福生命。

　　生命只有物質的意義嗎？純科學的探討如果忽略了精神生命的內涵，就會使生命變成一個只有本能的存在。生命是豐盛廣泛的，但生命卻也充滿挑戰。我們除了思索生命付出生命之外，也要祝福敬重生命，更要熱愛生命，使他的光芒消除黑暗，使它的毅力衝破歧視，使它的愛心帶給人類溫暖。

結語

　　生命醫學倫理是醫療人性化的努力，也是關懷生命的表現。如果我們能更親切些，更了解些，更體貼些，更用心些，有病痛的人，不論是肉體或是心靈的，將因我們而感受到人性的溫暖。能用力救助的，就盡力而為，無能為力的，讓我們陪伴給予安慰與勇氣。

　　1990 年《經濟學人》裡的一篇文章〈該是過往的時候了〉（A Time

to Die），作者說：我們應以人類傳記的生命，而不是生物的生命爲思考之重心。應加以重視的是這個人的生命中所完成的經驗、責任……，而不是醫院裡的儀器聲響。如是我們將能更清楚的看到這個人的成就，當這個人及其家人看到他的人生傳記已經完成時，醫生不該企圖再去增加痛苦的另一章。

美國國家衛生研究院（NIH）首位女性院長 Dr. Bernadine Healy 的話值得我們深思：

「當一位醫生，我有機會去體會很多人生命中最寶貴及哀傷的時刻，讓我告訴你一個祕密，當人們面對死亡時，他們便不會去想到他們得了多少學位，有了什麼顯赫的地位，或賺了多少錢。到最後生命中最重要的，是一個生命中的經驗——你關懷（愛）過誰，誰關懷（愛）過你？愛才是生命的一切。」

「尊重並愛惜每一個生命。」

參考文獻

1. Miller I, Sass HM: Essays in Bioethics and Ethics 1927-1947 Fritz Jahr. Ruhr Universaitat Bochumn: Zentrum fur Medizinische Ethik Bochumn. 2011: 23
2. Chan WT: *A Source Book in Chinese Philosophy*. Prince New Jersey: Princeton University Press. 1973: 213-214
3. op.cit. Miller, Sass: 48
4. Macer DR: *Bioethics is Love of Life*. Chirtian Church. New Zealand: Eubios Ethics Institute. 1998
5. Belmont Report, The National Commission for the Protection of Human

Subjects of Biomedical and Behavrioal Research. DHEW publication (08) 78-0012: 1978

6. Tai, MC: *The Way of Asian Bioethics*. Taipei: Princeton International Publishing Co Ltd. 2008: 124

7. Analects 7: 34

8. Analects 3: 13

9. Analects 4: 15

10. Fung YL: *A Short History of Chinese Philosophy*. Toronto: Collier-Macmillan Canada Ltd, 1966: 44

11. op.cit. Miller, Sass: 24

12. op.cit. Macer:1

第二章　整合的生命倫理學是邁向人類新時代的橋梁

　　倫理學傳統上的了解是一個關於人與人之間在生活中互動價值的省思。然而，近幾世紀來，倫理學向前邁進了一步，不僅有哲學上的實踐倫理，更也在醫學上發展出一個將古希臘希波克拉底古典醫學倫理關於醫者職責之強調，擴大到人的自我意識，也進一步涵蓋了人與人之間的互動，以及人與他的生活環境——包括與動物、土地、生物系統和社會活動的關係，如醫病關係，研究的公義性，政治和商業交易……等等。由於更快捷的交通設施及全球性之商業交易，促使人類社會的活動更頻繁，世界地理距離也隨之縮小了。西方與東方不再陌生，反而互惠影響。結果，一個新的全球化之生命倫理學逐漸形成。在《世界無國界》（*The World Without Border*）[1] 一書中，世界觀察研究所及地球政策研究所創始人兼總裁 Lester R Brown，表示「我們必須從制定新的倫理開始，來尋求人與自然之間的和諧，並整合全球的意識形態……採用和傳播新的倫理，將其轉化為行動。我們未來的福祉取決於現在出現的新道德規範，能否快速的轉化為一套新的，更人性的處世與互動方法，以尋求全世界的合作與互助。」[2]

　　所有的生命倫理學，無論是歐洲的、北美的、亞洲的還是非洲的，儘管有其獨特的生活視角，不是要混合而是可以融合，藉著對話創造一種新的生命倫理思維。換句話說，整合生命倫理學不是強行融合，而是找到道德的共同點，為人類面臨的生命倫理難題提供最適當的答案。各種生命倫理學之間雖存有差異，但我們可以提煉和加強所有人都同意的相似價值觀，並將其用作整合的基礎。在多樣性中找到相似性及共同點。我們不是

在提倡一個單一的生命倫理學，而是，專注於共同的道德作爲一種新的方法。

沒有任何文化會反對將愛作爲人類的共同價值。在此基礎上，我們可以促進全球化的生命倫理學，以進一步造福世界。Darryl Macer 將生命倫理學定義爲對生命的熱愛，「熱愛生命是生命倫理學最簡單、最全面的定義，它在全世界所有人中普遍存在」[3]，Fritz Jahr 指出「同情心是一種經驗主義的既定現象也是人靈性的表現」。這種生命倫理學不是僵化的，也不是儀式性的，而是與各種道德原則相對應，以適應情況和各方有關。這是一個世代的人無法完成的任務，但要從我們開始。我們可以說全球化之生命倫理學是「試圖就人類繁榮的基本條件達成一致並爲所有人確保這些條件……」[4]。換句話說，整合的全球化之生命倫理學就是架起一座橋梁，這樣我們就可以在多樣性中找到相似之處，並提出一個可能的指導來培養普遍性。在此基礎上，接受其他表達方式來思考如何使之也可以作爲促進整合生命倫理學的工具。例如，Lisa Lee 在她的文章「爲國家健康整合倫理」中主張，公共衛生倫理可以成爲連接生物醫學和環境倫理領域的橋梁，她認爲人類健康與動物和環境的健康息息相關。[5] 爲了大家的利益，我們可以利用其他的發現來解決我們面臨的問題。正如 Van R. Potter 在他的書中所說，這種試圖將各種倡導連繫起來的橋梁並不奇怪，他認爲生命倫理學是通向未來的橋梁。他說：「我們必須發展生存科學，它必須從一種新的倫理學開始——生命倫理學，以一種特殊的方式融合不同學科，包括科學和人文，向人類的共同價值邁進。」[6]

有四種促進整合生命倫理學的方法。第一，尋找世界共同道德作爲合作的基礎和指南；第二，尋求適用於促進人類社會和環境的實際需要之轉譯生命倫理學；第三，發展諮詢技能，爲當代需要提供諮詢服務，並將生命倫理學理論應用於人類研究；第四，進一步探討整合生命倫理學的涵義

和範圍，深化不同生命倫理學觀點之間的對話。

尋求共同道德

喬治城大學（Georgetown University）大學著名的醫學倫理學教授 Robert M. Veatch 在他的文章《是否存在共同的道德》中寫道：「最近倫理理論，尤其是生命倫理學理論中最令人興奮和重要的發展之一就是共同概念的出現。」[7] 他認為，「共同道德的核心思想是所有人 —— 至少所有道德上嚴肅的人 —— 對某些道德規範有一種先驗理論意識。也就是，正常人憑直覺或以其他管道會知道撒謊、違背承諾或殺人之類的事情是錯誤的。這個普遍共同的見解可以提供構建倫理理論的原始數據。」

Veatch 奠定了一個非常重要的基礎，即全球化生命倫理學是可行的，因為所有人類天生就具有對錯、善惡的意識。雖然不同文化背景的人在構建不同的理論來解釋他們的經驗方法時會有所不同，但殺劫是錯誤的原始觀念已經普遍存在。「生命的神聖性」這個詞在儒家背境的文化裡可能不是一個常見的表達方式，但每種文化都有自己的闡釋管道，例如，中國醫學倫理學的先驅孫思邈，將生命的神聖性描述為「生命有重千金」[8]，以暗示其寶貴價值。在印度教傳統中，Ahimsa 用於表示一個人不應該傷害他人。雖然在《薄伽梵歌》（*Bhagavad Gita*）中描述過，當殺戮是一種責任時，例如一個保衛國家的士兵為了保護他的同胞而可能必須給入侵者帶來痛苦，但這不是殺戮的許可證，而是保護他的同胞的責任。[9] Krishna 提醒 Arjuna 為了擺脫困境而戰鬥。「你不應該殺人」這一常識仍然有效，這是所有普通人的共識。

當我們審視世界上所有的文化差異時，我們發現確實存在共同的道德。另一個例子是孔子的「己所不欲，勿施於人」和耶穌的「愛人如

己」。一個用消極的方式敘述，另一個是積極的強調。這些類似的基本教義可以成為在多元文化中找到共同點以爭取全球綜合生命倫理學的基本理念。第一步是檢查所有不同的道德教導，以發現它們的共同性，便將它們整合起來。這種努力不僅限於特定的地理或文化區域，而是包容所有人，將所有人聚集在一起的全球方式定下基調。這個過程不是要消除任何文化傳統或提選任何價值，而是要鞏固作為全球綜合生命倫理學基礎的共同道德。這種方法將包括比較、研究以及情境化的努力，以證實所有核心作為全球整合生命倫理學。

從理論到實踐

　　整合的生命倫理學是轉譯的倫理（translational bioethics）。整合生命倫理學必須在現實生活中具有可行性和實用性。運用生命倫理學理論改善醫病關係，增進人類健康和生態福祉，必須成為轉譯化生命倫理學的重點。傳統古代醫學倫理主要關注醫病關係。後來，隨著生物醫學科技的迅速發展，人們開始關注自主權和公正等問題。今天，當我們面臨包括數位科學等等的快速發展所形成的生物醫學科技之挑戰時，我們必須思考科學突破是否是無限的。我們是否應該在某些領域限制科學的研究，因為科技已經有能力穿透生命的奧秘，甚至透過基因編輯改變生命來創造一個超人或一個歷史上未知的全新領域。某些生命倫理學原則可能很難與實際應用連繫起來，因此轉譯生命倫理學敦促研究人員確保生命倫理學和臨床醫學必須密切相關，以實現促進人類健康和福祉的實現。[10]

　　Hans-Martin Sass 博士說：「……高度專業化的研究成果必須轉化為生物醫學科學、臨床醫學、診斷、治療、藥物開發和管理、公共衛生問題、生活方式改變、健康教育和醫療保健的其他領域保險和支付之計

畫。」[11] 這正是全球化生命倫理學的目標，即將理論轉化爲現實世界中實用和有用之東西。

有兩個大方向可以嘗試彌合哲學反思與實踐的鴻溝：從哲學反思到實踐，或從實踐到哲學反思。在前者中，轉譯的對像是學術機構進行的生命倫理研究，作爲理論上合理的推理和結論。在後者中，轉譯的對像是生命倫理學，因爲它是作爲關於在醫學領域或其他生物相關之活動領域內所提出進行的實際推理和結論。因此，轉譯就是要將知識從一個領域應用到另一個領域的轉移。[12]

諮詢的生命倫理和研究倫理

隨著醫療技術的飛速發展，臨床決策已不再像以前那樣直截了當。臨床決策的複雜性促使倫理諮詢的興起，以幫助患者和醫護專業人員從客觀的角度看待他們面臨的困境。有了這種新的醫療設備，生命可以透過連接到葉克膜（ECMO）或呼吸器等支持系統無限期地繼續下去。當藥物治療無效時，我們應該撤回呼吸器嗎？如果有些家屬不顧病情而堅持繼續治療，患者的生命是否應該繼續？當家庭成員與醫護專業人員在治療過程中看法不一而爭議時，倫理諮詢成爲及時提供幫助的重要管道。

古代世界基於種族、語言、文化或宗教而共同生活的情境已不復存在。經濟發展促進了人們的遷移，不僅是從一個地區遷移到另一個地區，而且還遷移到對他們來說是完全陌生的國家，在那裡講不同的語言，信奉不同的宗教，甚至人們的身體結構也不同，例如膚色。美國是移民現實的典型例子，儘管白人和基督教徒仍然占多數，但許多外國人已經遷入美國，使其成爲眞正的世界大熔爐。除了北美，歐洲和南半球的一些國家也經歷了類似的移民。大多數富裕國家都建立了多種之文化城市中心。隨著

人口的遷移，提供幫助的生命倫理諮詢變得至關重要。全球化綜合生命倫理學必須關注這一趨勢，並將其作為關注的焦點之一。

生命倫理學諮詢是一門將理論探討，轉化為實踐應用的實踐學科。我們可以說，它是課堂審議轉化為臨床應用的課程。如果一門科學不能改善人類生活、增進福祉和理解，那麼這門科學就成了一項抽象的事業，只要待在象牙塔裡就好了。倫理學是一種實踐哲學，生命倫理學家應該透過將生命倫理原則落實到生活的實際環境中，找到為社會需求提供服務的方法。

新的世界現實將生命倫理關注的性質從醫學擴展到社會學，生態學、神學及哲學，來加以審議。面對醫療科技發展帶來的日益增多之問題，生命倫理學諮詢顯得尤為重要。當出現困境時，諮詢是向醫護專業人員、患者及其家人提供幫助的一種管道，讓他們從更客觀和更廣泛的角度看到困難，從而找到適合需要的最佳解決方案。倫理諮詢的需要反映了現代醫學倫理問題的日益複雜。

生命倫理學諮詢專家將為患者、他們的家人和專業人員提供有關道德、法律和政策問題的指導，以及醫療保健專業人員和患者之間臨床互動引起的擔憂。而且還將為醫務人員、住院醫師和學生、護士、社會工作者、牧師和其他專職醫療人員提供有關道德問題的教育。

一個全球化的生命倫理學也必須關注人類行為科學之研究，如心理學、人類學、社會學、公共衛生等。人類科學研究促進了現代生物醫學進步的快速發展。然而，研究不能以犧牲某些人類的痛苦為代價來進行，必須警惕地以正義之心尊重參與者的自主權。由於研究倫理已經擴展到各個醫療，基因及行為領域。更多的理論討論應該是必須的，特別是參與人體試驗的地方已經跨越世界的各大洲。如何保護研究中的人體是非常重要的。

深化對整合生命倫理學意義和範圍的討論，增進不同生命倫理學觀點之間的對話

能不能有一個全球化生命倫理學的問題一直是生命倫理學學者爭論的焦點。不管世界上的文化差異如何，我們可以自信地說同情或愛一直是每個文化所信奉的人類共同本性，因此不能輕易拒絕全球性生命倫理學。然而，必須鼓勵對全球綜合生命倫理學的辯論和討論，以提高和加深對這一全球性綜合生命倫理學的理解，並促進文化對話。

Søren Holm 和 Bryn Williams-Jones 斷言全球綜合生命倫理學是神話而非現實。他們認為，如果生命倫理學是一個整合的全球領域，或者至少是一種緊密共用的思維方式，那麼我們應該期望生命倫理學家在世界任何地方的學術活動中都以同樣的方式行事。在他們的研究中，他們得出結論：「事實上，沒有統一的全球生命倫理學領域。似乎，即使在英語國家，生命倫理學家也沒有像預期的那樣相互連接到對方的網站，沒有像預期的那樣相互引用，也沒有像預期的那樣集中在同一本書上。如果生命倫理學真的是一個『全球』領域，應該有一個統一的原則。」[13] 但 Søren 認為全球生命倫理學，並沒有這個原則。不可否認，我們的世界不是單一的而是複數的，因此期待一個統一的生命倫理學便不實際。然而，全球綜合性生命倫理學不會批評任何的單一生命倫理學，而是強調現有的共同道德作為對話和審議的基礎，以找到符合形勢需要的解決方案。各種文化都有不同的表達愛意和善意的方式，例如西方人會在兩個朋友見面時擁抱作為問候的方式，有些甚至會親吻，而東方人則會相互鞠躬或拱手互敬。所有這些方式雖然風格各異，但都是友好和相互尊重的表現，有著相似的善意。重要的不是外在的形式，而是內在的精髓。由於不同的人之間存在相似的美德，全球生命倫理學並非不可能。

　　另一位學者 Maria Sinaci 從世界全球化進程的角度審視了全球性整合生命倫理學存在的可能性，因為整個世界已經變得相互關聯，沒有人可以孤立。她認為，「全球化生命倫理建立之努力可以在與生命倫理相關的問題中互換信訊產生聯結，……全球化生命倫理框架意味著不同領域（哲學、社會學、醫學、神學、心理學等）對同一問題感興趣的專家之間的合作，交換心得……全球性生命倫理學是與那些嘗試統一各宗教的人不一樣的……。」[14] Van R. Potter 透過將生命知識與人類價值相結合，在技術科學和人類社會科學之間架起一座橋梁，呼籲建立一門新的生命倫理學科學，從而使生命倫理學在更大程度上走向全球性的生命倫理學。[15]

　　在加深對全球性生命倫理學的理解時，我們可以從不同角度進行探討，首先，透過在不同文化、科學和活動之間進行對話，以解決與生命有關的生命倫理學問題，呼籲從整體角度對生命倫理學進行全球化研究。其次，可以努力探索全球共同化原則之可能。所謂的 Georgetown mantra 的學者提出了被全世界奉為生命倫理聖經的醫學倫理四項原則，即不傷害、善意、自主、正義。而由 Frances Abel、Jacob D. Rendtorff 和 Peter Kemp 領導的歐洲生命倫理學家提出自主、尊嚴、完整性和脆弱性的生命倫理學原則。[16] 從於亞洲精神出發的臺灣學者 Tai 建議將非暴力（不傷害）、仁義、禮儀（尊重）和責任真理（Dharma）作為一套亞洲原則。[17] 世界醫學協會將同情心、勝任能力（competence）和自主列為醫生的道德價值。[18] 所有這些都是好的和重要的，全球性綜合生命倫理學可以進一步研究，如果可行的話，也可以從生物醫學、環境、社會甚至精神角度提出一套新的整體原則供參考。第三，它應該研究生命倫理學的應用，以應對迅速發展的生命醫學科技，作為一門研究具體問題的科學，試圖確定行動方向，以減少社會內部的衝突。

　　整合生命倫理學不僅是一種不試圖創造一種普世宗教性的國際生命倫

理學，也在試圖一個更廣泛的生命倫理學，以涵蓋與地球上的生命現象和自然世界有關的所有倫理問題。Hans Jonas 寫道：「生活現象本身否定了通常劃分我們學科和領域的界限 [19]。Covic Ante 提出了多視角主義的概念 [20]，H. Juric 在他關於「Hans Jonas 的綜合生活哲學」的文章中總結道，作爲整合生命倫理學的立足點，「我們應該記住，單一視角主義使我們目光短淺，甚至失明。多視角主義使我們能夠用顯微鏡和望遠鏡，以及我們內在的理論眼光來看待生命現象，以接近對生命的綜合理解和認識，以創造生命的整合倫理。」[21] 這個生命倫理學的全球方案將協助世界在未來的合作中成爲向所有人開放，一起邁向新時代的橋梁。

　　我們可以肯定的說，整合生命倫理學是一種強調復合的倫裡學，爲日趨複雜的世界開創和諧。

參考文獻

1. Brown LR: *The World Without Borders*. New York, Random House, 1972
2. ibid:361. quoted from op.cit. Muzur A, Sass HM: 153
3. Macer DRJ: *Bioethics is Love of Life*－An Alternative Textbook. Christchurch, Eubios Ethics Institute, 1998: 1
4. Ladikas M, Schroeder D: Too early for global ethics? in *Camb Q Healthc Ethics*. 2005 Fall; 14(4): 404-15
5. Lee Lisa: Integrating Ethics for the Nation's Health in Public Health Reports. 2015 May-Jun; 130(3): 199-201
6. Potter VR: *Bioethics: Bridge to the Future*. New Jersey, Prentice Hall 1971: 4
7. Veatch MR:Is there a common morality in Kennedy Institute of Ethics Journal, 2003. 13. 3
8. Zheng Bocheng, The King of Medicine: Sun Simiao, *Journal of Traditional*

Chinese Medicine 1986; 6(4): 210-211

9. Koller JM, Koller P, eds: *A Source Book in Asian Philosophy*. MacMillian Publishing Co, New York. 1997: 34-47

10. Sharpiro RS, Layde P M: Integrating Bioethics into Clinical and Translational Science Research: A Roadmap in Clinical and Translational Science. 2008,Vol 1, issue 1. 67-70 https://doi.org/10.1111/j.1752-8062.2008.00005.x

11. op.cit. Fritz Jahr and the Foundation of Global Bioethics: 365

12. Cribb, A: Translational ethics? The theory–practice gap in medical ethics. *Journal of Medical Ethics* 2010, April 36 (4): 207-210. doi:10.1136/jme.2009.029785

13. Søren Holm and Bryn Williams-Jones, "Global bioethics – myth or reality?," BMC Medical Ethics (2006 September)7: 10

14. Sinaci Maria: The Possibility of global bioethics in a globalized world in An Overview from Online Journalism to Applied Philosophy. pp.297-305. Trivent Publishing. 2016

15. Potter, V. R. *Bioethics: Bridges to the Future*. New Jersey: Prentice Hall, 1971

16. Rendtorff JD, Kemp P: Basic principles in European bioethics and biolaw. Vol 1. Barcelona, Spain. Institut Borja de Bioetica 2000: 25-45

17. Tai MC: Revisiting the proposal of Asian principles of bioethics in EJAIB Vol. 29 (3) May 2019: 89-92

18. World Medical Association: Medical Ethics Manual 2005:100

19. Hans Jonas 2001: *The phenomenon of Life: toward a philosophical Biology*, Evanston, Northwestern University Press: xxiv

20. Covic Ante (ed): *Integrative Bioethics and Pluri-perspectivism*. Sant Augustin: Academia Verlag, 2011

21. Hrvoje Juric in Fritz Jahr and the Foundation of Global Bioethics. Muzur A and Sass HM (eds). Zurich LIT, 2012: 147

第三章 邁向和解（諧）的生命倫理學

　　歷史上發生了無數的人類悲劇，無辜者喪生。這些悲劇的發生許多都可歸因於個人衝突、家庭失和、階級鬥爭、部落敵視、種族歧視或民族衝突……等。在 20 世紀我們目睹了兩次世界大戰，毫無意義地奪走了數百萬人的生命。我們能否解決人類社會中的緊張、仇恨和偏見問題，使地球上的和平與和諧能夠盛行？生命倫理學，一門專注於人際關係的學科，能有所貢獻嗎？生命倫理學研究人類維護善勝於惡，是大於非，和好強於敵對的藝術。在生命倫理學中，有一個沒有得到足夠重視的課題，那就是和解行為，以修補人類之間的衝突、爭鬥、敵意所造成的傷害，使關係修復。

　　為了解決人類的怨恨和鬥爭，在所有關於相互尊重和倡導正義的討論中，必須強調和解的重要性，為未來相互接受和已被疏遠之關係重新復合。儘管世界上許多偉大的思想家教導我們要相互尊重，但人類還沒有學會，無數的悲劇不斷發生，沒有任何緩解的跡象。在生命倫理思維中，和解是我們必須給予更多關注和考慮的主題，以便人類能夠學習並願意和諧共處。

生命倫理學是一門關係科學

　　倫理學是一個哲學探討之學問，主要討論人類行為的好與壞，對與錯，善與惡。最著名的論點是康德（Kant）之目的不能使過程合理化之論述，即為了目的，不可不擇手段，以及 John Mill 的效用原則，即行為的

對錯取決於它是否能促進人類幸福。倫理學在 20 世紀已成爲一個邊際科學，透過將哲學、神學、社會學、心裡學，歷史、法律，還有醫學、護理、衛生政策和醫學人文等學科整合成一門名爲生命倫理學的新科學中，將倫理學應用於醫學和醫療保健之領域裡。然而，它仍然關注的是人與他人和社會的關係。換句話說，生命倫理學作爲應用倫理學的一個分支，研究社會環境中醫學和生命科學中的哲學、社會和法律相關之問題。它主要關注人類的生命和福祉，並逐漸擴展到非人類的生物環境。我們可以說，生命倫理學是一門關係科學，不僅在人與人之間，而且在人與外部世界的互動之間。但它的核心關注點始終是從人際關係開始的。

在亞洲之哲學思維裡，特別是儒家思想中，生命倫理學的首要關注點必須是人類家庭，本質上是家庭成員之間的關係，如父親和孩子，丈夫和妻子，手足和手足。良好的家庭關係應該擴展到社區、國家，然後擴展到整個世界。孔子教導說，首先要培養自己的品格，把關懷之愛延伸到家人和周圍的人身上。儒家思想的核心教義是關於五倫之關係的，即君臣、父子、夫妻、兄弟姐妹，以及其他人。良好的關係必須從自己和最接近自己的圈子拓展開來。

Van Rensselaer Potter 在 1970 年將「生命倫理學」一詞定義爲一種新的哲學，旨在整合生物學、生態學、醫學和人類價值觀 [1]。根據 1926 年第一位使用生命倫理學一詞的學者 Fritz Jahr 的說法，生命倫理學必須具有更廣泛的範圍，包括所有生物，人與人，人與其他物種的相互作用，以實現地球上和平與和諧的共存。我們可以說生命倫理學基本上是關於人際與物際關係的，儘管存在有差異，但還是要相互接受。任何過去的緊繃、誤解和過錯都必須加以修復，始能開始新的關係。這正是和解的生命倫理學的理想，我們應該與其他的人和平相待，也與我們生活的自然環境和平相處。[2]

生命倫理學的本質

生命倫理學絕不是單一的以人爲本，只關注人類的人際關係，努力實現道德上合理和認眞激勵行爲之探討。除了和諧的人際關係外，Fritz Jahr 呼籲生命倫理應包括所有生物，他說：「盡可能地尊重所有生命，生命本身就是存在的目的，因之應以敬重之心加以對待。」[3] 因此，生命倫理學不僅必須是社會的，還必須是生物的、醫學的、社會的，心理的、生態的和精神的，並且必須強調對所有形式之生命相互尊重的重要性。因此，生命倫理必須是整體的、綜合的和全球性的，它的重心是熱愛生命。

由於生命倫理學是一門關係科學，它必須強調和諧和相互接受的重要性。空氣汙染、森林砍伐、迫害土地耕作等環境災難導致生態系統失衡，提醒我們也必須修復與自然的關係。但在我們這樣做之前，正如古代儒家聖人所教導的那樣，我們必須做一個深刻的自我回顧之內在反省，培養一個友善的性格，願意改善我們與外界互動的關係。這個修補過程必須從每個人開始。孔子說：「修身，齊家，治國，平天下」，也就是要給世界帶來和平之前，首先要修養自己的品格，愛護和管理好家庭，而後治理國家，才能實現普遍的和諧[4]。換言之，人與人、民族與民族、人與自然之間的和諧關係，必須從自己出發，透過自我培養品格，樹立尊重他人、恢復與他人破裂關係的新價值觀。只有這樣，才能期待世界和平。這是一個和解的過程，首先是在自己和他的家人、社會結構、世界國家，最終是整個宇宙中。結果，宇宙和諧將得以實現。沒有這一和解進程，世界的和平和宇宙的和諧可能難以實現。這是和解生命倫理學的基礎，即所有關係都應得到修復、安撫、協調和恢復。在這裡，我們看到至少有三種關係我們必須嘗試修補和恢復，首先是與我們的人際關係，然後是與我們的環境，最終是世界間的和諧。因此，生命倫理學必須是綜合的，以包括自然界中

的所有事物，從修復人類之間的關係開始。

　　和解是在個人、社會、政治和生態互動中實現順暢和諧關係的最重要任務。除了亞洲之儒家思想，耶穌也教導了類似的事情：你在祭壇上獻禮物的時候，若想起弟兄向你懷怨，就把禮物留在壇前，先去同弟兄和好，然後來獻禮物。[5] 和解的生命倫理學旨在實現和諧關係，並試圖促進所有人之間良好之道德和諧關係。亨利‧基辛格（Henry Kissinger）說：「世界和平穩定的結構不是靠勝利，而是靠和解來實現 [6]。」

什麼是和解？

　　「和解」一詞的希臘語起源 καταλλαγή（katalassen 或 allasso），指的是態度從敵對到友好的改變，更準確地說，是上帝與人、人與人之間關係的改變。它假設這段關係已經破裂，但一種新的意識和努力激勵我們修復這種關係，從敵意和分裂的狀態轉變為和諧和團契。它與過程和結果有關。和解的結果是改善以前相互矛盾的關係。兩個人已經和解意味著他們冰釋前嫌改善情感，處理糾紛。任何由過去的衝突和不公正造成的不良情緒，懷疑或傷害都被放棄，以便發展新的關係。

　　馬丁‧布伯（Martin Buber）在他的著作《我和你》（Ich und Du）中就有了一個非常鼓舞人心，關於人際關係的理論。他的主題是「我和祢（thou），我和你（you），我和它（it）」的關係。當你鄙視一個人時，這個人就被你降級為它。當你尊重一個人並相應地對待他時，他可以成為一個你（you），一個可愛的存在。當你認為別人和你一樣有被尊重時，這個人和你處於平等的地位，他和你的關係處於「我和你」的狀態。[7] 在和解的生命倫理學中，我們絕不能把任何人當作它，而要把你當作平等的地位來相互尊重。當過去對彼此有任何嫌隙時，在「我 - 你」關係中，

「它」應該被拋棄並停止。疏遠的關係必須透過和解來修復。因此，和解的生命倫理學必須設定目標，使所有人都平等地被定位為有尊嚴的人，並相互對待。

和解需要成為生命倫理學的一個關注點

從古自今，人類一直在互相爭鬥。世界聖人都教導人類應該彼此和平相處，而不是彼此交戰。詩篇作者大衛寫到：「弟兄們和諧地生活在一起是多麼美好」（詩篇 133：1）。第一次世界大戰後建立的國際聯盟和二戰後的聯合國都意在實現世界和平。人民和國家之間的分歧和爭端是不可避免的，但應尋求和解。和解的生命倫理學強調了人類和國家之間和平與相互尊重的重要性，也呼籲人類照顧地球以確保生態系統的平衡。

在過去，人類曾經認為自己是被置於在地球中心的冠冕，有權對其他的受造物做任何他喜歡做的事情。種族主義者認為某些種族優於其他種族，因此有權統治和奴役。在封建社會中，父親可能認為自己是家庭的主人，有責任建立秩序和紀律。但是，所有這些舊觀點都已不合時宜，但仍然以某種方式影響著傳統的社會形態。隨著一些物種從地球上消失，以及全球暖化等大自然的反擊來應對人類對自然的無節制的開發與剝削時，人類在 20 世紀中葉開始覺醒了，我們只是地球上的生物之一，必須以和諧的方式尊重所有其他生物。

一、文學中的和解

《聖經》和《莎士比亞》是歷史上最被廣泛閱讀的兩本書。這兩本書都談到了和解。莎士比亞的《羅密歐與朱麗葉》描述了兩個敵對家庭在無辜生命損失之後才和解的故事。羅密歐與茱麗葉的死，喚醒了 Montague

和 Capulet 二家人，埋葬了家族的仇恨，讓敵意消失。不幸的是，這些家庭的覺醒來得太晚了，心愛的羅密歐和茱麗葉已經過世沒有任何知覺了，他們的家人終於修補了傷口並和解了。耶穌所講的浪子回頭的比喻講述了一個感人的故事，父親的愛等著離出走不孝兒的回來。幸運的是，在這個寓言中，父子倆都經歷了他們重拾幸福的新開始。

1. 羅密歐與茱麗葉

兩個強大家族之間的古老恩怨在歷史上爆發了暴力。一群蒙面的 Montague 人砸毀了大門，闖入了 Capulet 的派對。一個年輕的羅密歐卻愛上對方的朱麗葉，而茱麗葉也用熾熱的感情回應了。然而，茱麗葉的父親要將她嫁給其他的人。為了與羅密歐重聚，茱麗葉聽了修士的建議演了一場戲，偽造了她的死亡。然而，這個假死之設計資訊未能傳達給羅密歐，羅密歐以為茱麗葉的死是真實的，在看到他心愛的茱麗葉的屍體時，決定殉情而自殺了。此後不久，茱麗葉醒來發現羅密歐的屍體在她旁邊，並在深情的悲傷中也自盡了。悲痛欲絕的家人最終同意結束他們的爭吵並和解。

2. 浪子回頭的比喻

「某人有兩個兒子。小兒子對父親說：『爸爸，請把我應得的家業給我。』他帶著財富，遠走他鄉，在那裡生活放蕩，浪費錢財。他花盡了一切所有的，那地方又遇上了嚴重的饑荒，就窮困起來。於是他去投靠當地的一個居民，那人打發他到田裡去放豬。為了溫飽，他不得不也吃豬所吃的豆莢。當他醒悟過來時，他出發了，要回到父親身邊，請求他的寬恕。他還在遠處時，他父親看見了他，就動了慈心。他跑到兒子身邊，摟著他，吻了他。兒子對他說：『爸爸，我得罪了天，也得罪了你，不配再稱為你的兒子。』但父親對他的僕人說：『讓我們舉辦一頓盛宴，慶祝一

下。因為我的這個兒子死而復活，失而復得。』於是他們開始慶祝。」浪子的比喻是耶穌講的最著名的故事之一。浪子的比喻表明了上帝的愛，他準備饒恕和接受任何願意做出改變的人。人們不必停留在絕望的狀態，而可以恢復與天父和地上其他人的愛的關係。透過一顆願意和解的心，一種新的關係就可以開始。

二、和解的宗教傳統

　　所有宗教都教導愛、同情、寬恕……他們都傳講與神和他人和好的重要性。這裡選擇了四種宗教，兩種次要的種族宗教和兩種主要的全球宗教，來述敘他們對和解的看法。

1. 神道教與和諧

　　神道教是日本的一種宗教，日本最古老的經典《古事記》敘述日本迷人的神話。日本天照女神有一個邪惡的弟弟，須佐之男，總是捉弄別人且常與天照女神大鬧，兩人的關係就此毀於一旦。最終，天照決定將弟弟須佐之男，從天庭驅逐到凡間世界。須佐之男來到凡間就面對了一條八頭龍的邪惡力量，這條蛇龍不斷打擾一個可憐的農民。須佐之男此時此刻找到了自己本初的善良本性，決心透過殺死這條惡龍來幫助這個可憐的農民。殺了惡龍時竟發現天庭遺失的一把寶劍。須佐之男決定將這個寶藏歸還給天照。[8][9] 透過這種善意的行為，兩人最終和解了，他們恢復了良好的關係。

　　和解不僅是一個想法，而且必須付諸行動促進和諧，以便修補破碎的關係。須佐之男的行動致使關係的恢復，劍被認為是日本傳統中三種古代寶藏之一，這三個寶物即玉、鏡子和劍，各象徵著仁慈、智慧和勇氣。因此，這把劍的回歸意味著恢復了從破碎到和諧的融洽關係。每當日本新

天皇就職時，這三件寶物都會被帶出來，向世界展示和諧是皇朝統治的目標。

2. 猶太教和關係的修復

希伯來聖經中最感人的和解故事之一是關於亞伯拉罕的孫子以掃和雅各之間的爭執和敵意。雅各是第二個出生的，他作弊詐欺取得了長子的繼承權利。先出生的以掃在他的憤怒中試圖殺死他的弟弟。雅各不得不逃跑，在花了 22 年的流放時間逃離他的兄弟以掃之後，他決定回家，但他擔心他的兄弟仍然會對他懷有怨恨。回去找哥哥是雅各面對他的過去的時候了。他們最後一次見面時，以掃充滿了殺戮的憤怒，發誓要殺死雅各。雅各自然而然地對再次見到以掃的前景感到焦慮，特別是當他得知他的兄弟帶著 400 人前來時。雅各把他的家人置於身後，他「繼續前進，在接近他的兄弟時七次向地鞠躬。」「以掃跑去見雅各，擁抱了他。他摟著脖子，吻了他。他們哭了。」[10]（創世記 33：3-4）兩人和解了。雅各是猶太人的父親，以掃及他的伯父以斯馬利是巴勒斯坦原住民的父親。這兩個兄弟修補了他們過去對彼此的不信任和仇恨。這個和解的故事可以成為一個很好的例子，儘管雙方已經爭吵了這麼長時間，但仍然可以彌補並再次成為朋友。摩西在 Torah（聖經舊約前五本）談到了救贖的重要性，以及與被救贖者的復和。除了糾正與上帝的關係外，人也應該糾正與他人的關係。這一切都是關於關係的和解。

3. 穆斯林在齋戒月季節（Ramadan）期間的反思

齋戒月（Ramadan）是穆斯林信仰的支柱之一。普林斯頓大學的 Sohaib N. Sultan 教授講述齋戒月的意義。他說，現在是深刻反思伊斯蘭教寬恕傳統的時候了，從這種反思中，這是朝著和解邁出的一步。[11] 他引

用了《可蘭經》，為如何真正實現和解提供了見解：

(1)「真主仍然可能在你和你 [現在的敵人之間帶來感情——真主是全能的，真主是最寬容和憐憫的。」（可蘭經 60：7）換句話說，無論事情變得多麼糟糕，永遠不要關閉和解可能性的門。

(2)「……用善良擊退錯誤，你的敵人會變得像一個古老而有價值的朋友一樣接近你，但只有那些堅定耐心的人，只有那些有幸擁有偉大義的人，才能達到這樣的善良……」（可蘭經 41：34-35）。在敵意中提供善意的話語、禮物等，可以軟化心靈，走向更和平的未來。

(3)「你們當信、維護公義、為神作見證的，即使你們自己、你們的父母或你們的近親是敵對的……不要追隨自己的慾望，這樣你就要行公義——如果你歪曲或忽視正義，上帝就完全知道你做了什麼。」（4：135）通常，當兩個人之間或群體之間發生爭吵有敵意時，有必要省視自己的衝動。到衝突結束時，雙方可能都會發現各自都有錯誤。

　　Sultan 教授用先知穆罕默德的話總結道：「我能告訴你一些比禁食、祈禱和慈善更好的事情嗎？[這是] 兩個人之間的和解。」（4：114）穆斯林對和解的傳統似乎被許多人忽視了，但實際上穆罕默德已經教導了這種相互接受的信仰。

4. 基督教與和解

　　基督教信仰的基礎是，上帝和人類透過他的兒子耶穌在十字架上的犧牲而和好。和解（reconciliation）是基督教的一個核心神學概念，即上帝透過基督的贖罪與人類和好，基督的追隨者被呼召成為和平締造者並彼此和好。因此，和解有兩層含義，第一是「與神」和好，二是人與人之間的和好。與神的和好是在十字架上完成的，十字架消除了敵意，然後恢復了神與人以及人與人之間的良好關係。

如果不先與神和好，人與人之間的和好就不可能發生，神在十字架上摧毀了那些與神和人與人之間引起敵意的事物。與上帝的和好必須導致人與人之間的和解，因爲上帝「是和平的上帝」（哥林多前書 14：33）。

基督教的和解概念已被南非開普敦大學教授 John W. de Gruchy 應用於世界的政治衝突地區，它被稱爲「和解神學」。De Gruchy 展示了相互關聯的和解方式：(1) 上帝與人類之間的和解，以及它在社會關係方面的意義。(2) 個人間之和解改變人際交往方式。(3) 被疏遠的社區和群體之間的和解。[12]

和解的歷史展示

一、南非真相與和解委員會

1990 年代，南非從種族隔離到民主的戲劇性轉變[13] 已經成爲一個很好的例子，並證明了政治上的和解是可能的。曼德拉（Nelson Mandala）說：「和解意味著恢復一直處於衝突中的種族，宗教和政治社區之間的和平關係。」[14] 曼德拉這一勇敢行爲給了南非一個新的未來，並治癒了它在種族隔離期間遭受的創傷。

眞相與和解委員會（The Truth and Reconciliation Commission, TRC）是一個類似法院的機構。任何認爲自己是暴力受害者的人都可以挺身而出，在眞相與和解委員會的訴訟程式中發表意見。暴力禍首也可以作證，要求從追訴中被赦免。

正式聽證會於 1996 年 4 月 15 日開始。眞相與和解委員會是南非步向和自由與民主的關鍵，儘管存在一些缺陷，但人們普遍認爲它應予讚許且非常成功。

De Gruchy 觀察到，「TRC 確實爲和解的目標做出了貢獻，成爲治癒

過去的催化劑，並使仇恨能夠體現寬恕與和解。」[12]

二、馬丁・路德・金恩與民權運動

由馬丁・路德・金恩（Martin Luther King）領導的 50 年代美國民權運動為往後美國黑人能當選美國總統鋪平了道路。沒有人能相信它會在新大陸發生，但黑人巴拉克・歐巴馬（Barack Obama）在 2009 年當選為地球上最強大國家的總統。這個民權運動以修補種族之不平等為目標，旨在為人群中建立一個自由社會，無論膚色、種族或信仰。這場運動不是一場軍事革命，而是一場反對不公正爭取所有人平等權利的非暴力鬥爭。馬丁・路德・金恩的名言啟發了世界：「仇恨產生仇恨；暴力導致暴力；韌性帶來更大的韌性」……「我們必須用愛的力量來對抗仇恨的力量」……「我們的目標決不是要打敗或羞辱白人，而要贏得他的友誼和理解。」……[15] 雖然金恩博士無法親眼看到這場運動的成果，但歷史已經證實，它克服了黑白之間的障礙。

金恩博士主張「以暴力換暴力會使暴力成倍增加暴力，為已經沒有星星的夜晚增加更深的黑暗。黑暗不能驅趕黑暗；只有光才能做到這一點。仇恨不能驅除仇恨；只有愛才能展現希望。」[16]

暴力導致暴力是新約聖經馬太福音 26：52 節中描述的一個概念。這段經文描繪了當耶穌被捕時彼得拔出一把劍來抵禦，但耶穌告訴他收鞘他的武器：「把你的劍放回原位，」耶穌對他說，「因為凡拔劍的人都要死在刀刃上。」金恩博士的信念和運動反映了和解的生命倫理學，即呼籲彼此相愛和善意，並以和諧的方式相互尊重所有人。他說：「當你為正義而努力時，一定要帶著尊嚴和紀律行事，只使用愛為武器。不要讓恨使你輪陷入更深的恨。如果你屈服於在鬥爭中使用暴力的誘惑，未出生的後代人將成為未來漫長而荒涼的苦澀之夜的受害者，而你給後世的遺產將是無休

止的無意義與混亂。」（金恩博士 1956 年的演講）

　　黑暗不能驅趕黑暗；只有光才能。仇恨不能驅除仇恨；只有愛才能。仇恨使仇恨深化，暴力使暴力倍增，堅韌使堅韌在不斷下降的破壞螺旋中增加堅韌……邪惡的連鎖反應……仇恨產生仇恨，戰爭產生更多的戰爭，這些惡性循環必須被打破，否則我們將陷入毀滅的黑暗深淵。（1963）

　　他接受諾貝爾和平獎的演講時說：非暴力是我們這個時代關鍵的政治和道德問題的答案：人類需要克服壓迫和暴力，而不訴諸強制壓迫和暴力。人類必須為所有人類之對立衝突，邁出拒絕報復、侵略和報復之路。這種方法的基礎就是愛。（諾貝爾獎獲獎感言，瑞典斯德哥爾摩，1964年）

　　金恩博士提倡和解的生命倫理學。對他來說，「所有的生命都是相互關聯的。所有的人都陷入了一個不可避免的相互關係網路中，被命運的一件外衣所束縛。任何直接影響一個人的東西，都會間接影響一切。在你成為你應該成為的人之前，我永遠不可能成為我應該成為的人之樣子，你也永不可能成為你應該成為的樣子，直到我成為我應該成為的樣子。」金恩博士闡明的這個夢想是和解的生命倫理學的真正精神。

和解的步驟

　　南非的和解進程採取了一種恢復性的方法，這與紐倫堡審判的報復性方法不同。恢復性辦法旨在實現和解，這種和解被描述為改善以前處於衝突中的兩方或多方之間的關係。南非方法的過程包括道歉、講實話、洗禮、賠償、大赦、寬恕……等。由於寬恕的目的是和解，因此必須以寬恕為中心重點。有人批評真相與和解運動的恢復性方法太寬大處理，但如果其目的是恢復破裂的關係，那應該是一個正確的方法。如果目的是和解，

在正式道歉之後，應該透過拋棄過去的錯誤來給予大赦，以匹配和諧和友好的新未來。一般來說，和解過程需要包括以下四個步驟，我們可以看到，由 Tutu 大主教領導的和解努力反映了這一切：

1. 外部行為的變化：包括停止攻擊性或侮辱性行為，提高在近距離內運作和相互合作的能力。
2. 信仰的改變：擺脫對方是邪惡的信念，也不要將自己陷入仇恨。
3. 解決負面情緒和態度：克服對對方的埋怨、恐懼、仇恨或憤怒。
4. 採用或恢復積極的情緒和態度：相互尊重、同情、愛，共同的身分感或團結，相互承諾一套共同的道德或社群規範相互信任。[17]

　　眞相與和解委員會（TRC）由曼德拉的民族團結政府於 1995 年成立，目的在使南非人接受他們極為困擾的過去，大主教 Tutu 被任命為這項艱巨任務的主席。Tutu 大主教堅持認為寬恕是正確的方式，儘管他也指出，這需要個人層面的懺悔和寬恕。沒有這些，和解也許就不是眞實的和可能的。他說：「個人和解必須首先解決怨恨、恐懼和不信任的感覺，以便建立一個新的、更公正的社會秩序。它涉及一種意願和內心的巨大變化，以跨越邊界，將友誼之手伸向彼此。」[18] 他解釋說：「當我談到寬恕時，我的意思是相信你可以從另一邊走出來，成為一個更好的人，一個比被憤怒和仇恨吞噬的人更好的人。保持過去的狀態會讓你永處於受害者之狀態，翻不了身，也使你一直依賴加害者。……如果你能在自己身上找到寬恕，那麼你就不再被施暴者束縛了。」你可以繼續前進，你甚至可以幫助加害者成為一個更好的人。[18]

結語

　　什麼是和解的生命倫理學？它是對人與人、種族與種族、理念與理

念，以及人與自然之間和平與和諧的追求，透過承認過去的錯誤舉止，並徹底改變彼此的態度和行為，建立友好和藹可親的關係。其核心重點是讓人們和睦相處，相互尊重。過去人民和國家之間深刻的仇恨和爭端可能看起來不可能實現任何和解，但只要有決心和善意，相互接受是可能的。人們只需要下定決心，就願意彼此接受，把彼此當作有尊嚴的人來對待。所有過去的敵意和怨恨都必須被放棄，取而代之的是一顆願意稱對方為朋友的心。1978 年 9 月 17 日，埃及總統薩達特（el-Sadat）和以色列總理貝京（Begin）簽署了和平條約，為埃及和以色列之間在數十年的敵對行動之後達成永久和平協定奠定了基礎，這一被認為是不可能實現的和解的例子實際上已經發生。這種和平今天仍然有效。這告訴我們，如果我們願意拋開長期的不信任、敵意和分歧，開始一段新的關係，和解是可能的。良好的結果可能不會立即被看到，因為和解可能是一個漫長的過程，它需要耐心和願意為了和平和新關係而走得更遠。

「愛是人類生存問題唯一理智和令人滿意的答案」。——Erich Fromm

參考文獻

1. Potter VR: *Bioethics: Bridge to the Future*. Englewood Cliffs, New jersey: Prentice Hall Inc. 1971; 24-26
2. Tai MC: Environmental Ethics – Human Life and the Environment in The Way of Asian Bioethics. Taipei: International Princeton press, 2008; 153f
3. Jahr F: Essays in Bioethics 1924-1948. Zurich: Lit Vertag, 2013; 28
4. Chan WT: *A Source Book of Chinese Philosophy*. New Jersey: Princeton University Press, 1963: 522f（The Great Learning of Confucius in Book of

Rites）

5. Matthews 5: 24

6. Kissinger HA: A World Restored: Mettermich, Castlereagh and the Problems of Peace 1812-1822. Vienna: Echo Point Books & Media, 1957; 4ff

7. Kraemer Kenneth: Martin Buber's I and Thou – Practing Dialogue. Mahwah; Paulist Press International, 2004

8. The Kojiki, trans Basil C Rutland. Vermont: Charles E Tuttle Com. 1981;65ff

9. The some studies said that Susannoo gave to Amaterus the sword he used to kill the eight-headed dragon as his sincerity to restore his relationship rather than indicating that he discovered the missing sword.

10. Genesis 33: 3-4

11. Sultan Sohaib N, Opinion in TIME July 27, 2014. 30 days of Ramadam

12. de Gruchy John W: Reconciliation - Restoring Justice. London; SCM Press, 2002

13. National Unity and Reconciliation Act, No. 34 of 1995; South African Truth and Reconciliation Commission Final Report 1998

14. Arvind Kumar Yadav: Nelson Mandela and the Process of Reconciliation in South Africa in India Quarterly, vol. 63, 4: 2007: 49-84. See: https://doi.org/10.1177/097492840706300403

15. King ML: Struggle for Equality. Scholastic Newstime https://www.scholastic.com/teachers/.../struggle-equality-quotes-martin-luther-king-jr/

16. King ML: *Where Do We Go from Here: Chaos or Community*? Boston; Beacon Press.1967: 67

17. Radzik Linda: Reconciliation in Stanford Encyclopedia of Philosophy, Stanford Center for the Study of Language and Information. Stanford University. 2015 https://plato.stanford.edu/entries/reconciliation/

18. Tutu Desmond :The Book of Forgiving. https://www.goodreads.com/author/quotes/5943.Desmond_Tutu

第四章　靈性、關懷與生命醫學倫理

　　社會上人與人之間的衝突與互告屢見不鮮。醫病關係中的糾紛也時有所聞。連小孩之間也會吵架。但也有很多都會在勸和中和解了。然而有人不論如何不肯握手言和。有些人對悲慘事件也無動於衷，有的不見棺材不掉淚。鐵石心腸就是這個情況之寫照。爲什麼會如此呢？美國學者 Lawrence Kohlberg 於 1958 年發表他的研究成果，述說人的道德發展可以分成六個階段，第六個稱爲普世倫理原則（Universal ethical principles）或有原則的良心階段（Principled conscience）。這與所謂的「靈性」有很大的關係。其實很多人的道德觀或靈性的發展過程中，到了第二（以自我利益爲中心）或第三階段（附合社會制約爲主）就停止了，不再向前。不是每一個人都會發展到這個會發揮愛心關懷他人的良心階段。有的人很有愛心，有的人很自私，Kohlberg 給了我們一個解答。

靈性與關懷

　　眞誠的愛發自內心，那是一種靈性。確知人與人之間相互關懷與提升生命量能之重要性。昔日人類對靈性的了解是由人類的宗教心與信仰行爲之表現來詮釋，但隨著人類智慧的開展，靈性不再是宗教信仰的專利品，特別是 18、19 世紀之後，靈性已不再只從神學的角度來思考。人類的根本屬性雖有對超自然現象的崇敬，也對不可知論的自然界中之感受，以宗教虔誠之情在日常生活當中表現出來，但宗教心是一種人類善性的結果或是罪惡感的自我補償？人性是善是惡？假如人具有靈性那不是善的表徵

嗎？ 人類在人性論的辯論之餘，也試圖探索靈性的意涵，有人把靈性歸屬於理性，但理性的思考又往往不能突破靈性中所描述超越現象的感受，靈性的經驗也常有非理性的敘述出現，因之人類除了基本的本能物性、感性、理性之外，尚有一個比較深奧的靈性存在。

靈性的感受與經驗曾在人類歷史中扮演重要的角色，但隨著科技的進步，超自然現象的逐漸解謎，靈性在生活當中漸漸失去其說服力，人類也在物質主義的高升下，特別是 20 世紀以後，開始對靈性視若無睹，反正，凡不能通過理性之考驗的，在新科技的時代裡雖有時會出現但卻不再被認為具有意義。

在靈性被理性取代下，人類是否不再有恐懼？人與人之間的關係是否就因理性的指引下變成更為和諧美好？答案本應是肯定的，很可惜，卻是相反的，人類在靈性的真空下，恐懼越形深化，社會緊張更為廣泛，人間的互信幾乎破產，因為人類社會中本有心靈上的價值，比如真、善、美、愛、義等喪失之後，靈性也隨之變形，靈感不再，美好事物漸失。近十幾年來臺灣開始注意到生命倫理學的重要，不過我們可不能忘卻在人與人之間的關係及提升人類之生活品質上，談到靈性與關懷時，一定得思考一個在臺灣的倫理學界不常被強調的德性倫理，因為德性倫理的根本就是建立在靈性的根基上。

一、什麼是靈性？

靈性通常的了解與宗教信仰或上帝脫不了關係，它含有超自然的意義，但它也是一種直覺、想像力、靈感……。美國 George Washington 大學整合醫學中心（Center for Integrative Medicine）在探討何為靈性時說靈性的認知會因人而易，但很多人將它定義為一個在宇宙中運作，卻超出個人力量的能量 [1][8]。靈性也是一個與所有生命體相連接的感受，對生命

意義與目的關心注重，並發展人性的價值與普世的真理。外在上，敬天愛人，內在上，克己修身。不過早期對靈性的了解與「聖」的震撼緊密相連。當一個人經驗到一個無以描述的能力時，在心靈的深處所感到的是一種神聖的臨在，也因之發現了所謂的「聖」的觀念（The Idea of the Holy）[2]。比方說摩西在曠野看到了火在燃燒，但荊棘卻沒被燒毀，於是他脫了鞋子跪拜，因為他感受到一種「聖」的經驗。問題是當凡人有類似的經驗時，特別是現代人，往往不會去把神聖與現象相連接，而用二分法把超自然現象排除於社會之外，使靈性的存在變成玄學，也認為靈性感受屬於個人世界的經驗。又比如牛頓被掉下來的蘋果打到頭，發現了萬有引力的定律，但世界上不知有幾萬人有相同的經驗，卻不會想到這個深奧的意涵與真理，因為他們有生活敏感度的不同，這個敏感度卻與靈性有不可分割的深層關係。然而，靈性不應是出世的，雖然有人認為靈性的崇高不能混雜在物質世界裡，不過對現代人來說，靈性不應使人遠離人類社會，反而應使人更深化對現實世界的關心與參與，因為靈性就是創造的力量，使世界進步，社會提升。透過靈性的啟示與帶領，消除怨恨嫉妒，促進愛心和平，大地和諧。靈性使人有所謂「四正」的了解及實現，那是人不只與別人有好的關係，人也與自然，與創造主也與自己有好的關係。因之 M. Ferguson 把靈性定義為探求意義的開始，靈性使人探求真理，尋找第一因（First Cause）的答案[3]。心臟科醫師 Dean Ornish 說凡促使人去與一個比自己更大的「因」相連接的就是靈性，歌德也在他創作，《浮士德》（*Faust*）裡描述說：當我徘徊在森林裡，滿腔熱淚中，感覺到世界正在提升為我而活時，那就是靈性[3]。是故靈性是與人類終極本性與目的相關聯，不只是在現象界裡，而且是一個超越時空的力量，不但使心身能分開，也能區分靈魂與肉體，不過它卻也是生活的一環，讓心智相連，宇宙和諧有序，使人追求一個更高尚崇貴的理想並訓練自我。

二、關懷與靈性

　　關懷（Caring）的情操是醫護專業裡不可或缺的要素，缺少了關懷的能力就不能使一位需要照顧的人得到身心靈的全面康復。今天臨床醫學強調以「病人為中心」為醫療的準則，又在醫技的照護上提出全面的醫療，力求身體、精神與心靈層次等各方面的照料。不過關懷並非是一種公式樣板的東西，它必須有其內涵才能表現出來，就像生命為活動的能源一樣，沒有生命就沒有活動能力，沒有智慧就做不出美好的判斷，沒有內在的靈性情操就使不出關懷的能力。因之靈性與關懷是不能切割的，關懷的表現是靈性的表徵，有靈性的本質存在於生命當中的，必能關懷，沒有靈性為支柱的關懷只是一種外在的演戲，沒有真心沒有內涵也因之不會長遠也不會令人感動。美國加州的 Josephson Institute of Ethics 致力於推動人與人之間的互信互助以增進社會的和諧與安寧，在過程中提出了六個關懷時不可缺乏的品格特質，即信任、尊重、負責、公平、愛心與公民情操 [4]，而在關懷的品格裡明確指出它所意涵的就是親切慈祥（kindness）、愛心憐憫（compassion）、利他為人（altruism），這些 Josephson Institute of Ethics 所提出的品格特質也是倫理的關係不可或缺的要素。換句話說，沒有這些情操就不可能談及倫理，也不能有崇高的倫理關係。這三個要素是靈性的表徵，一個有靈性的存在，不可能沒有親切慈祥、愛心憐憫及利他為人之情懷。

　　關懷的能力是否是與生俱來的？它能訓練嗎？如果人是一種具有靈性的存在，那麼關懷應是此存在特質的一部分。由中國孟子的惻隱之說，我們可以確定那是天生的，不過在歷史上卻有不同的看法與辯論，人的本性是善或惡呢？如果不是惡，這個關懷特質的能力就必然存在。因關懷是利他的表現，不過人類社會中凶殺欺騙到處充斥，人會不是利己而利他的嗎？關懷能用教育的力量去加以培養利他的情操嗎？社會所表現出的愛心

難道是教育的結果或是人類人性本善的顯現？

　　歷史上有些人相信人類基本上是自私自利的，不但天性好競爭而且具敵意且殘酷無比，有些人則反對此說認為合作才是人類的天性，不但友善又和藹。心理學大師弗洛伊德（Freud）相信人的內心深處是自私、衝動、苛求、無情又具破壞性。不過人本心理學家馬斯洛（Maslow）則相信人類基本上是善良的，而行為學派的羅傑斯（Rogers）也認為人內心深處是理性的，追求社會化的，這個善良的天性應能加以建設使其值得信賴[5]。雖然也有一些行為科學家認為人的本性無善惡之分，但卻主張只要學習就能向上提升也能向下沉淪，一切取決於教育與環境的影響，因之基本上，人類的關懷能力應是可以被教育來使人性完美。但這卻引出了一個問題，靈性不是與生俱來的嗎？當然不同的論點就會有不同的結論。所幸，似乎所有的學者都同意人性的可塑性，因之關懷應是可以學習的。有些人天生就有惻隱之心，這個憐憫的本性如果喪失，尚可由教育來尋回，因之關懷是普及的，並可以在每一個人的身上找到。

三、德行倫理與關懷

　　在倫理論點的強調上，我們大致可以分為重責任的義務論、重現實狀況的效益目的論，以及把公平正義也帶進思考的論述，目前在臺灣這些論述都廣泛被討論，也由這些觀點引出不同的倫理主張，不過一個臺灣很少人提起也鮮有人加以推動強調的，就是德性倫理（virtue ethics）。德性倫理其實是關懷倫理的根本基礎與強調。理性的人類團體都應相互關懷，不論義務論或目的論或公義論的倫理思維中，我們都能夠來推動宇宙中的互相關懷，不過能自然而然力行又獻出關懷並推動關懷的，其實非德性倫理莫屬了，因為關懷別人是人應有的德行。

　　今天提起德性倫理很多人會覺得陌生，不過在第 7 世紀之前，德性倫

理是倫理思維的重心且瀰漫各方，不但西方的柏拉圖、亞里斯多德、基督教，就是東方的佛教、儒家、道家也都是德性倫理的佼佼者。根據義務論來說，一個人做了他應該做的事，因為那是他的責任，不過在從事該做的事的過程中有可能會是心不甘情不願的，他做了，只因義務使然。一個目的論者也做了他所做的事，但也不很快樂，因為他知道根本上他違反了道德良知，不過卻是在當下最好的選擇。不論義務論者或效益論者都做了，而且從他們的論點觀之，也都是對的抉擇。德行論者則不是靠義務之催促或現實之需要來做事，而是根本上他就是會自然而然的做他所做的事，看到病人受苦，惻隱之心就會油然而生自動自發去關愛協助。這個德性倫理所要強調的是我們務必裝備每一個人俱有並發揮美德情操，培養德性倫理之思維。美好的品格情操是德性倫理所注重的，因為那是舉止行為的根本動力。德性倫理確信只要個人有某種道德情操，比如勇氣、節制、智慧、公義，他自然而然的就會往德性的道路邁進。因之問題不是什麼事我該做（What shall I do?）也不是什麼事帶來快樂，而是我如何做事以使生命美好？德性倫理不只要做對的事，也要使人根本上有德性的情操，動機及特性去從事美好的事。重要的是要有其動力源泉，如是則一切均能美善發揮至盡。一個人做對的事、美好的事，不是因為義務、利益或情況的需要，而是美善德性的一種自然流露，關懷之情付諸行動是一種自然的舉止，因為人的特性使他做了他做的事。

　　德性倫理的祖師是亞里斯多德，中世紀則由亞奎那（Thomas Aquinas）繼續提倡而現代把他的理念發揚光大的則是馬肯泰爾（Alasdair MacIntyre），馬肯泰爾認為德性的認知是多方的，每一個文化傳統都有它的美德 [6]。但他相信勇氣、公義及誠實是基本的要素。在今天各各倫理思維四方蓬勃討論的時代，德性倫理並不否定其他的論調，不論義務論、效益論、情境論，公義論等等，如能在他們的思考與抉擇上加上德性論的

強調，則每一個行爲抉擇必將更美好。

四、關懷倫理

關懷的倫理應是一種關係的倫理（Relational Ethics），因爲它所要成就的是經過一種關係的建立。不過關懷的倫理務必構植在接受（Receptivity）、關連（Relatedness）、與回應（Responsiveness）上，根據 Nel Noddings 對關懷倫理的認知，關懷倫理有三個要點[7]：(1) 投入（engrossment）、(2) 無我（motivational displacement）、(3) 感知（recognition）。

投入所表現的是給予關懷的人，不是以陌生人的身分去關懷，但做爲一位不是陌生人則應對被關懷的人有深切的了解。給予關懷的人對被關懷的人之生命故事、個人特質、身體狀況有所了解時，關懷的人才能有眞切的關懷。換句話說，給予關懷的人必須是置身於被關懷的人的立場去眞正認識所應給予的關懷，並付諸行動協助。假如只有了解被關懷的人之需要，但卻不是從被關懷的人的立場來從事關懷，這個關懷有時會違反被關懷的人的利益。是故所謂的無我所強調的就是給予關懷的人並不是以自己想關懷的方法去關懷，而是義無反顧的給予，就是被關懷的人因身體缺陷而氣味難聞無法接近時，還是去關懷，把自己的自我考慮因素排除在外，也即以他人的需要爲考量，而不是以自己的嗜好來取捨。再則感受在 Noddings 的理論上是重要的，她認爲關懷必經得到被關懷人的感知才能完成關懷。那是一種爲別人來做事，對方感受到關懷人的愛心的一種過程，這個對方有感知的關懷被稱之爲成全了他人（Completed in others）。

但關懷又有所謂的自然關懷（natural caring）與倫理關懷（ethical caring）二種，前者是一種我要關懷的關懷（I want to care），後者則視我必須關懷的關懷（I must care）。比方說自己的親朋好友需要協助，我因

與他的關係而去關懷，這就是屬於自然的關懷，因為本來我就要去關懷的，是自然而然的行為。但倫理的關懷是因我必須去關懷，關懷別人是一種適切的行為去與他人建立關係。基本上一個人必須有一個去關懷別人的意願，否則倫理的關懷是不可能的。由自然的關懷而進入到倫理的關懷是一種理想進展的過程，自然的關懷只要是一種沒有「自我」或私情的表現時，也會是倫理的關懷。是故，倫理的關懷建立在自然關係之上，一個人自小的地方開始建立起關懷的情操，就會逐漸發展到包括廣泛大眾。這也就是「修身、齊家、治國，平天下」的認知，也是耶穌所說「把福音傳播，從耶路撒冷，猶大，撒馬利亞直到全地」的力行，是幼吾幼以及人之幼，老吾老以及人之老的表現。

關懷之德行倫理有義務論的優點也有效益論的長處，Noddings 認為，當一個人故意的去拒絕關懷力的驅使，對需要關懷的人視若無賭時，那就是罪惡 [7]。這不是回應了康德的絕對命令的立論嗎？但關懷倫理也認為使對方有所感知才能成全關懷。當然這不是說有感知的關懷才要做，而是說有了對方之感知，這個關懷就是完全的關懷，因為對方已感受到關懷人的善意。

關懷是一種對呼召的回應，但具有靈性的人才能有所謂完全的回應。倫理學家 H. Richard Niebuhr 把對需要的人的召呼提出三個不同的回應方式：[9]

1. man-the-maker：即目的論者為達成某種結果而委身於從事的事務上。

2. man-the-citizen：即義務論者為履行義務而委身於力行的工作。

3. man-the-answerer：即人在關係裡面去回應所當從事的事。

德行論者不會是 man-the-maker 也不會是 man-the-citizen 而是 man-the-answerer，因為德行論者在對話中，以可信賴的態度從事關懷的行動。是故，關懷是一種回應上帝呼召的表現，在需要的地方給予愛。聖法蘭西

斯的禱詞：在仇恨的地方灑下愛，在憂傷的地方給予安慰……，就是這個德行論之關懷。猶太神哲學家 Martin Buber 所提出 I and Thou 的論述[10]，也即用誠懇、敬重的心來相互對待，也是關懷者應有的特質。是故關懷倫理是以靈性的感知爲本，以德性爲質去從事提升生活品質的思維與力行。

醫學倫理與生命關懷

一、醫學教育中的醫學倫理

　　醫學倫理近幾年來也在臺灣已成爲一個常被討論的議題，因爲很多人認爲臺灣醫病關係的每況愈下，醫療問題的層出不窮，都與我們缺乏醫學倫理的教育有關。因之不只全國醫師公會聯合會建議教育部必須加強醫學倫理的教育，由教育部委託臺灣醫學院評鑑委員會（TMAC）所從事的醫學院評鑑工作，也都嚴謹的在觀察每一醫學院的醫學倫理教育情況，而衛福部也要求醫生要有醫學與法律的繼續教育研習學分。

　　然而醫學倫理對很多兩難的醫療難題，往往意見分歧，比方說由胚胎來獲取幹細胞從事研究，自由派主張它對人類的福祉有很大的助益而主張開放，但保守分子則認爲那是對神聖生命的不敬，千萬不可。二者的主張都有它的道理，但顯示出倫理議題好像沒有絕對的對，也沒有絕對的錯。既然沒有對錯的分野，我們何必浪費時間、金錢、心思去做一個沒有結論的探討？

　　在人類精神文明逐漸式微的時代，提及倫理議題好像是開時代倒車的感覺，今天的世代所強調的是實用與利益的考量。放眼看我們的世界，精神文明的確已漸漸在破產當中，不但子弒父，母棄子的新聞時有所聞，連師生之間也存在著緊張關係，鬥爭更在我們的社會裡到處可見。而醫生一有差錯，有時對無可救藥的病人雖誠心盡力救助，也會惹來一身禍患。在

功利主義掛帥的社會裡，所謂的尊師重道，父母恩澤，感恩圖報……的道義，已漸漸消失。早年清朝棄臺灣於不顧的口憑：臺灣爲化外之地，人民爲化外之民。男無義，女無情，鳥不語，花不香……好像不幸被言中了。面對層出不窮的問題，醫學人文與倫理的強調逐成爲恢復醫界過去被人敬重的新希望，期盼從醫學倫理的教育來培養出以愛心並秉持公義尊重病人爲主之生命價值觀的醫生。但什麼是醫學倫理呢？我們臺灣又該有什麼樣的醫學倫理？

　　醫學倫理自從 20 世紀中期重新出發以來，已變成一個新興的學門，不但可以修碩士學位，也可以研讀博士。是否這些專研醫學倫理的學生與教授們，都是德高望重的賢者良士？如果醫學倫理只是一門與任何其他的學科一樣在課堂上專研的知識而已，那麼它會有什麼樣的臨床價值呢？因之，我們可把醫學倫理的強調分成兩種類別，第一，它是一門學問（discipline）來研究探討與醫學有關的人文價值問題，比方說幹細胞及基因工程之研究倫理規範，複製技術對社會的衝擊，安樂死……等等。另一種則是臨床上態度的強調。這二個都是醫療人性化的努力。醫學要人性化，因爲生命是神聖珍貴應加以珍惜的，醫學倫理就是這個積極關懷生命的強調，用醫學倫理在學理的探討中所獲得關懷敬重生命的方法，去應用到臨床上，來使病人在恢復健康的過程中感受到人性的親切，這就是醫學倫理的實踐。

二、臨床的醫學倫理

　　醫學倫理醫療人性化是一種認知，態度，修養及實踐的努力。認知幫助醫生們在各個不同的選擇中來做一個最好的決定。態度則是醫病關係上不可或缺，必須時時加以警惕，用同理心來面對病患的強調。修養則是醫生本身對責任重大的職責與繁多事務的忙碌中對自己的期許。實踐是認

知態度及修養的具體實現。就是因為在臨床的醫病關係上醫學倫理是一種認知、態度、修養及實踐，才會在過去的社會裡出現過很多令人敬仰的好醫生。他們雖然沒有在課堂上學習過醫學倫理的課程，但醫學倫理的理念及精神已融入他們的生命中，在他們的行醫舉止上表露無餘，是故令人敬崇。

　　不過當醫師面臨一個病入膏肓的病人或已無活命希望的病患時，什麼樣的態度才算是敬重生命呢？不顧一切的搶救或讓他安然過世才算是人性化的醫療？在面對關懷生命的沉重壓力下，醫生能不能終止治療甚或不給予治療？這個好像是不解之題。討論到生與死的大問題的，在倫理學上被稱之為宏觀倫理（Big Ethics）。另外探討要為病人密守隱私之重要性或醫病關係中的種種議題的，稱之為微觀倫理（Little Ethics）。生命關懷的問題當然是廣而大之的倫理議題，也較微觀倫理更具爭議與複雜性。

三、關懷生命是無限延長生命？

　　關懷生命是一種將心比心，以親切慈祥的態度去關照生命的苦疾與快樂的過程。孟子所說的「惻隱之心」就是關懷生命的基礎，但關懷生命是否表示一位醫生應盡全力去搶救延長一個無可救藥且消失中的生命呢？關懷是一種態度的表現，親切愛心的實踐，也是對人性認知所使然，因之關懷生命是一種過程，而不是一種結果。使一個生命感受到愛心、親切、憐憫、相助，就是關懷的表現，是故它是一種生命質的提升，而不是生命量的強調。醫學倫理因之所要強調的，將不是一個用新醫療技術來無限延長生命的努力。茲以一個著名的個案為例來討論：

　　1983 年 Nancy Cruzan 25 歲的時候因為車禍而昏迷不醒成了植物人，為確保營養的供給，醫生為她植入了鼻胃管。醫生預言說 Nancy 將可再活上 30 年。她的父親後來描述說：因從 Nancy 陷入昏迷之後，就未對外

界的刺激有所謂有意義的反應。要幫助她，最有人性的方法就是讓她跳出不生不死的邊緣。家屬後來要求 Nancy 的安養師拔除她的鼻胃管，但遭到了拒絕。家屬因之訴請法院請求准予把胃管去除。高等法院最後的判決駁回了家屬的上訴，因為法律有責任保護弱勢，或一位不能表示意見的人。1989 年 12 月 Nancy 成了美國最高法院第一個訴求「死亡權」的案件。但最高法院後來的判決認為，在當事人沒有清楚令人信服的證據來支持她不願活成植物人的意願時，誰都不能否定她的生命權。最高法院以 5 比 4 的決定聲明：

1. 國家有權主張，保障人類生命為不可爭辯的利益。

2. 生與死的選擇是私人的行為。

3. 當失能的人沒有愛她的人來權充代理人時，濫用就可能發生。

4. 國家有權利表明保障生命是絕對的利益。

　　這個判決留下了一個空間，即當一個清楚及令人信服的證據可以獲得時，則這個事前指示的醫預囑（Advance Directives），將是有力的說服。後來 Nancy 的三位朋友挺身而出證明曾與 Nancy 談論過生死的問題，而 Nancy 表示不願意活成一位植物人。有了證人，法院終於允許 Nancy 賴以維生的胃管可以拔除。Nancy 終在 1990 年 12 月 26 日嚥下最後一口氣與世長辭。Nancy 的事件激起了很多州政府推動「醫預囑」的立法。雖然第一個「醫預囑」在 1976 年就在美國加州通過，但卻是 1991 年 11 月才有《病人自決法案》（Patient Self-Determination Act）的立法通過。

　　Nancy 案件在判決的過程中，密蘇里州法院一位法官曾說，也許我們的判決是錯誤的，但我們寧可選擇與生命站在同一邊（We choose to err on the side of Life）。這個案件的最後結果對爭取「自殺權」的人來說，也許是一大勝利，但 Nancy 之父親 6 年後卻因憂鬱而自盡。Nancy 墓碑上，寫著：「我們最親愛的女兒、姊妹、阿姨，生於 1957 年 7 月 20 日，離開於

1983 年 1 月 11 日，終得安寧於 1990 年 12 月 26 日。」「離開」（departed）與「終得安寧」（at peace），這幾個字暗示著 Nancy 的家人對由非自然方法維持生命的無奈。

　　這個案件激起了不少的爭辯，什麼才是眞正的關懷生命與敬重生命？是讓一個生命無意義的活下去？讓一個生命忍受更多的折磨？或讓一個生命在無可救藥時，自然又安詳的走完一生？

　　生命可以分成生物的生命、傳記的生命與理性的生命。生物的生命包含有所有生物界之生命，樹林、昆蟲、飛鳥走獸，當然也包含人，他們以本能成長與存活。當我們問說：其他的星球有沒有生命存在時？我們問的不是有沒有人，而是有沒有最基本的生命存在，這些生命都屬於生物的生命。傳記的生命則在強調生活中的世界、關係、夢想、期待……的體驗，因之傳記的生命以生命的社會性、知識性、記憶性、功能性，及理性爲依歸。然而理性是人類才擁有的。如果用西方基督教文明的說法：即人是上帝依然祂自己的形象所造，有感情、有思想、有人格、有責任、有理性。這個傳記的生命也應是有理性的生命。缺少了這三個，即生物的、傳記的、理性的之要件的任何一個，人所擁有的生命就有所缺欠。爲什麼我們可以殺豬宰羊大打牙祭但卻不可殺人？因爲人類除了生物之本能生命外，還有它的傳記與理性的生命，據有「神」的形象。東方婆羅門思想則認爲所有的生命都應珍惜，因之 Jainism 連蟑螂、蚊子……都不能加以撲滅。

　　在一個醫學科技甚發達的今天，我們可以用外力的方法維持一位植物人的生命，他可能有本能的反應，但卻沒有自我行動的能力，也缺少了傳記式理性的思考。關懷生命的神聖任務中，我們如何來對待這個不是傳記式又缺乏理性的生命呢？當然，只要一個生命俱有自然存活的本能，就應得有被關懷的權利。不過當一個生命必須依賴非自然的方法來維持生命時，那麼關懷這個生命的方法，是否應以「尊嚴」爲思考的重心呢？什麼

樣的醫療照顧才算是關懷生命的醫療照護？換句話說，關懷生命是否是一種無限醫療的給予？或是在醫療過程中對生命的親切與敬崇，並在一切無可救藥時，讓自然來掌控？

四、一般及非常的治療

有病看醫是基本人權。全民健保的實施就是在保障每一個人，不論貧窮富有，男女老幼都有得獲醫療照護的權利。如果一位心臟病患必須移植心臟卻因等不到心臟而過逝了，是否表示他的生命沒有得到適當的關懷？醫療照護上我們可以分出二種療護，即一般醫護與非常醫護。在醫學倫理上，每一個人都有權利得到一般的醫療照護，就是保守的天主教醫學倫理也認為在延長生命的過程中，醫護人員的義務是必須盡量運用一般所能得獲的醫療知識與設備來救助。這個一般或基本的醫療。如氧氣的提供，抗生素的使用，點滴的注射……等等，另外的體外呼吸和給氧器（extra-corporeal oxygenator），洗腎……曾有一段時期被認為是非尋常的醫療。但隨著醫技的逐漸發達及儀器的普遍化，一些過去被認為是非尋常的，已被認為是一般的醫療了。因之一般與非常醫療之界定變得模糊，也產生倫理爭議。Gerald Kelly 於 1957 年出版的《醫療的道德問題》（*Medico-moral problems*）一書中，提供了獨特的思考方法。他說，任何不帶給希望的醫療，都應是非常之方法。在他的定義下，一位植物人的胃管如果改善不了病人的病況，則可能是一種非尋常之醫療方法。這個定義的重點在於「有用性」及「照顧的負荷性」，而不是治療本身。也有學者如 G. Meidaender 認為水及食物並非治療的一部分，而是每一位人類應得有的。對一位 92 歲患有末期癌症的病人與一位 30 歲剛開過盲腸炎手術的病人，當他們的心跳忽然停止時，什麼是一般的治療與什麼是非常的，也會有所不同個判斷。因之，關懷病人敬重生命，應有其他的思考方法才對。

倫理學者與神學家 Joseph Fletcher 提出了另外的思考方法，醫療如果是人的權利，這個權利應有它的特點。因之他提及了四個標準：

1. 一個人所用於他的一切應對他有所好處。

2. 這個人必須有他的認知，有記憶，期待與信念。

3. 這個人應有能力與他人有所關聯。社會互動的人際關係是做爲一個人的基本要件。

4. 這個人必須意識到未來，「你將來要做什麼？」必須對他來說是一個有意義的問題。

　　對 Fletcher 來說，如果我們所做的一切都不能扭轉一個人的現狀，比方說一位藉用外力維持生命的植物人不能因我們的努力使之進步並增加或減少對某件事的興趣時，則倫理的照護應是讓他自然消逝而不是無謂延長一個非傳記的生命。Fletcher 當然屬於強調效益的自由派倫理學家，主張責任的保守份子將會質疑難道生命能以一般物件一樣的隨時隨地拋棄嗎？這個生命的關懷的問題馬上牽涉到要維護生命或讓生命自然消逝的問題，也就是先前所提出的，醫學對生命的關懷是一種無條件的延長生命或一種敬重自然生命，該走的就讓他走，能救的就盡量救，但以親切慈悲的態度來從事？

五、生命關懷與原則

　　醫學倫理當然是一個醫療人性化的努力，爲了要讓醫護人員能在行醫過程中履行對生命之關懷與敬重，倫理學者逐提出醫學倫理原則。依據這些原則行醫，就是關懷生命，敬重生命的表現。美國喬治城大學的教授所提出的：切勿傷害，利益病患，病人自主，公平正義四個原則，已普遍被接受爲醫學倫理的基本原則，但也有其他倫理學家提出不同的看法，也有人認爲原則根本不濟於事，而必須根據時空情境的獨特性來加以斟酌。對

於東方人而言，什麼樣的原則才能表現出我們的文化人情特性呢？筆者於1991年在日本舉行的第二屆亞洲醫學倫理研討會上提出了四個原則來思考，即不傷害（Ahimsa），慈悲爲懷（Compassion），尊敬（Respect），義德（Righteousness）及責任（Responsibility）。沒有一位有良知的醫生會故意去傷害一位病人，而關懷生命不能沒有慈悲爲懷的心，也必須在診治病人的過程中以尊敬的態度來親切對待，更不能對病人有厚此薄彼的心思，而是每一位病人都應得到相同的關切。再則，責任感是關懷生命不可或缺的。這些原則的提出希望能在複雜的人際關係中做一個提醒。關懷生命沒有認知態度修養，就不能在醫病過程中表現出來。其實對病人慈善的問診，尊敬之情及責任感的表現（你是我的病人，我會好好照顧，且在住院時期的巡視……等等）都能促進醫病關係，且加速健康的復原。責任的強調是雙面的，除了醫生對職責的忠心外，病人本身的遵醫行爲、生活規律、自身健康之維護也都要強調。

參考文獻

** 本章原是《新時代的醫學人文》一書的第八章，因與和諧生命倫理關係密切，得原作者即本人同意加以修改，在此分享。

1. Pamphlet, *Center for Integrative Medicine*. George Washington University. D.C.

2. Otto R: *The Idea of the Holy*. Oxford University Press. London: 1924

3. Frank LR: *Quotationary*. Random House, New York:2001

4. www.josephsoninstitute.org/

5. Morris CG: *Contemporary Psychology and Effective Behavior*. Harper Collins Publishers, New York: 1990

6. MacIntyre A: *After Virtue*. University of Notre Dame Press, Notre Dame, Indiana: 1984

7. Noddings N: *Caring: A Feminine Approach to Ethics and Moral Education*. University of California Press, Berkeley: 1989

8. Tobias M, Morrison J, Gray B: in Search of Global Spirituality. KQED Inc, San Francisco: 1995

9. Gustafson JM: *On Being Responsible*. Harper & Row, New York:1968

10. Buber M: *I and Thou*. Charles Scribner's Sons. New York: 1937

第五章 整合的健康視野

　　整合醫學強調將一個人包括身體癥狀、社會環境和內在狀態都列入到診斷和治療患者疾病的過程中。這種認知雖也是輔助及另類（或稱替代）醫療的看法，但其實世界衛生組織就是如此定義：「健康不僅僅是沒有疾病或虛弱，而是一種完整的身體，心智和社會福祉之狀態。」[1][2] 健康是關於一個完整的人，除了身體的狀況外，還要注意一個人的心理健康和社會因素。就因健康是一個全人的了解，所以整合的建康視野是一種全面性的強調。

　　自古以來東方醫學就一直重視身體整體性了解的重要，雖然西方醫學在笛卡爾二元論（Cartesian Dualism）的影響下曾把身心分開，認為一個人只要不被病菌感染就不應該會生病，二元論雖然也點出生病的基本因由，但卻是片面的。喬治‧恩格爾（George Engel）所發表的醫學模式已將生物心理社會因素都列入在健康的思考中[3]，而美國對輔助和另類療法的接受度在近幾年來也在增加當中[4][5]。一個人應該被看作是一個完整的人，而不是被二分法所分裂。醫學治療也應是整體的。

　　整體性的定義是：「一種哲學理論認為自然界的基本特徵是整體的存在，不僅是各不同部分的組合，而且趨向逐漸發展也會更複雜。」因之我們要有一整體的概念去觀察所有人類的組成部分，相互作用以及適應力。治療也應該是整體的，而不僅是對症狀而以。臺灣諺語「下醫治病，中醫治人，上醫治國」，也即是醫病，醫心，醫人來體現醫學的本質。

一個人爲何會生病的東方的觀點

傳統上，亞洲人，無論是中國人還是印度人，都認爲一個人生病是因爲他的內在和外在已經失衡。根據中國人的說法，醫學的目的是恢復體內陰陽的平衡，而印度教徒則努力恢復心智（mind），身體（body）和精神（spirit）系統之間的和諧。

中國古代認爲，萬物都是由陰陽兩種融合力量組成的。如果這兩者的平衡被打破，疾病就會產生。「陰陽四季是萬物的開始和結束，是生死的根。違逆他們就對生命有害，與他們同行則可以防止嚴重疾病的出現。」[6] 印度經典，阿育吠陀，意即生命經典（Ayurveda），將思想、身體和精神描繪成支撐世界結構的三角。在這個三角內，一個人與外在的能量之間尋求平衡是健康美好生活的關鍵。[7][8] 雖然中國人和印度人使用不同的表達來描述宇宙的基本結構，但它們都指出了宏觀世界中微觀世界內外力平衡的重要性。他們的醫療無疑是綜合的，從整體角度看待一個人和疾病。

中醫養生

爲了保持身體健康，根據中國傳統醫學，必須增強身體素質，以預防疾病，延緩衰老和延長壽命。要實現這些目標，必須遵循健康的生活方式、精神調理和其他方法，以保持生活中所有因素的平衡。在正常情況下，所有元素之間保持和諧的平衡。陰沉陽穩，則精神暢通。生理的或生理環境平衡的任何破壞都是所有疾病的起點，例如日常生活中缺乏約束、飲食不規律、精神或身體過度勞累和性放縱。三個關鍵概念對於保持生活的平衡和生活的和諧是重要的，即陰陽、五行及氣。

一、陰陽

中國人認為，世界上萬物都可以用陰陽來劃分。陰陽的上升和下降透過相互牽制來實現動態平衡。如果這種平衡被破壞，疾病就會產生。完全平衡的生命系統具有等量的陰陽。兩者都不可能孤立存在，例如，陽中總有一些陰，陰中總有一些陽。平衡是由相互對抗維持的，但也是相互依賴的，例如，為了生命的存在，它需要陽光和黑暗的平衡。如果有永久的陽光或永久的黑暗，地球上的生命將無法維持。陰或陽不可能孤立存在。他們需要彼此並互相轉變。循環是完整的，沒有開始、中間或結束。[9]

陰陽是相互不可或缺和互生的，相互依存。陰因陽而存在，陽也因陰而存在。在醫學中，陰陽相互依存的概念被廣泛用於生理學、病理學和治療。血和氣，身體的兩個基本要素的一個例子：血是陰，氣是陽。血液的形成依靠氣的力量來移動和轉化。氣移動血液，因為血液迴圈依賴於氣的溫暖和驅動力。另一個例子是在疾病的發展中。對陰的危害會影響陽氣，反之亦然。因為沒有陽，陰就不能誕生。所謂的高血壓是由缺乏陰引起陽的多動之結果。在治療中，如果疾病是由熱病原體引起的，則根據冷可以抵消熱的原理用涼爽或冷介質進行治療。同樣，由冷病原體引起的疾病用溫暖或熱介質治療，因為炎熱可以克服寒冷。這種相互生成和平衡理論可以在五行的概念中看到。

二、五行

與陰陽理論類似，五行即木、火、土、金、水，是中國古代用來解釋物理宇宙的組成和現象的哲學概念。在傳統中醫中，五行理論被用來解釋人體與自然環境的生理和病理學之間的關係。根據該理論，五行是不斷移動和變化的。五行的相互依存和相互制約，解釋了物質對象之間的複雜聯繫以及人體與自然界之間的統一性。這五行相互產生和平衡，例如木生

火，火生土，土生金，金生水，水生木。同樣，金克木，木克土，土克水，水克火，火克金。在這種相互促進和征服的關係中，世界繼續前進。如果沒有促進，那麼就沒有出生和成長。如果沒有約束，那麼維持正常和諧關係就沒有變化和發展。因此，萬物的運動和變化都是透過它們相互促進和制約的關係而存在的。[10]

　　這五種元素也代表了不同的人體器官：心臟（火）、腎（水）、肝（木），脾臟（土）和肺（金）。肝臟（木）是心臟（火）的「母親」，腎臟（水）是肝臟的母親等等。這可以透過了解木材產生火，但火被水撲滅來理解。關鍵的觀察結果是腎虛會影響肝臟的功能，因為沒有足夠的水分，樹木就無法生長。在這種情況下，當「母親」軟弱時，她就無法撫養孩子。然而，腎臟控制心臟，所以腎臟也可以抑制心臟。

　　此外，這五行的功能是組織、調節、儲存和分配五種成分，即神、精、血、濕和氣，這些身體器官對生命的重要生活承擔主要責任。例如，腎臟儲存精（精隨），而心臟儲存神（神志）。腎臟包含並延伸了管理液體代謝的工作——它控制意志、生長、發育、繁殖和再生、骨骼和骨髓。諸如生長遲緩、耳鳴、不孕、腰痛、頹廢或失意等問題被視為腎臟系統功能的障礙。除了推動血液外，心臟還維持中樞神經系統的高級功能，包括內部和外部的感知和交流。肝臟儲存並控制血液、筋脈、神經，主控氣血的量、壓、勻，性情和判斷力之平行。肺控制呼吸、循環和濕氣的分布，維持皮膚和身體的其他防禦邊界。脾臟負責消化，同化和分配液體，維持組織和液體的穩定性、密度和黏度，產生肌肉和肉，並將血液保持在血管內。

三、氣，能量的流動

　　根據中國人的理解，氣是宇宙中所有現象的所有運動和突變產生之基

本元素。在醫學方面，氣將生命重要物質的能量轉移到全身。內外的一切運動，都是由於氣的循環。最簡單的理解方法是，例如，如果一個人扭傷了他的腳踝，他就會感到疼痛，走路時會扭動。這是因爲循環到他腳踝的氣被阻塞了。一旦這個障礙被消除，他就會恢復過來。人體內的氣有多種形式，基本是元氣，由腎的精氣、脾的消化氣和肺的氣這三種形態的組合而成。元氣流經全身，承擔器官和通道的主要運動。

此外，體內循環的血液不僅僅是紅色液體──它是身體自我生長的物質，由氣控制，用於身體物質的分布和轉化。就醫學而言，它是身體的基本組成成分。氣的運動和變異解釋了所有的生理活動。《醫學公理》說：「人命在此氣，氣聚則形，氣散則身死。」[11]

印度教的理解

非常有趣的是，印度教還認爲人以自然爲基礎是宏觀世界中的一個縮影。他是綜合整體的一部分。健康是多維度的，透過平衡一個人所處的所有關係，包括身體、心理、社會和精神健康。因此，醫學本質上是預防和促進性的，將關懷提升到治癒之上，因爲如果一個人能夠始終保持健康與疾病，幸福與痛苦，生與死的平衡關係，那麼生存和死亡就是個人業力的結果，所以強調人類的責任。因此，健康不僅僅是醫學，也是一種從出生到死亡的總生活方式。壽命不是以天數來衡量的，而是以時間的品質來衡量的。

印度的醫學書被稱爲阿育吠陀，即生命經典（Ayurveda）。Ayus 的意思是身體、感覺器官、思想和精神連結的生命。顯然，從印度教的角度來看，生命不是一個簡單的存在形式，而是幾個組成部分的整合，例如，身體有四種基本物質，有如中國思想中的土、水、火和以太（ether）或

氣，即每個個體的能量或精神。心靈侷限於身體，心靈產生意識，精神無處不在。這樣的三足鼎立，代表生命三種表現的形式，例如，身體或物質涉及維持人類有機體所有表達的有形健康平衡狀態，以及在精神錯亂時的恢復，心靈培養一種理性的生活態度，消除了給人帶來傷害和阻礙幸福的無知，精神爲逐漸實現一個人的能力提供健康的身心條件，直到人類的心靈意識達到與最終實在（ultimate reality）的合一。Ayurveda 試圖正確理解透過人、人的世界，人的意識及存在的最終來源之間的眞實關係，來協作調和這三種形式，以實現幸福的物質生活、適當的世俗行爲和精神救贖。

中西醫整合之「道」

道是一個具有深刻含義的中國概念。簡單地說，它是管道、眞理、終極現實、自然過程、事物的實相……。從過去到現在，道從未停止存在，一直是萬物的開始，在萬物形成之前就已經存在了。在印度教的術語中，它是法（dharma），是基本眞理或婆羅門（Brahman），是終極實在。道是無形的、看不見的、絕對的、永恆的、不變的。老子說：「視之不見名曰夷，聽之不聞名曰希，搏之不得名曰微……。其上不皦，其下不昧，……是謂無狀之狀，無物之象，是謂惚恍迎之不見其首，隨之不見其後……。」因此，道可以被解釋爲實在的基礎，眞理的基本理論。那麼，什麼是中西醫結合的道呢？

中西醫結合採取整體方法，試圖恢復人與生活本身的原本和諧狀態。它整合地看待人體，認爲人體的一切機制和生物環境中的一切事物都不能孤立存在。所有這些，無論是內部因素還是外部因素，都是相互關聯的，應該同時考慮身體的健康。我們不能只注意其中一個而忽視其他的。所有這些都同等重要，每一個，即使是最小的，都會影響整個身體。在正常情

況下，陰陽、血氣、人體各器官和經絡相輔相成，相互支持，才能保持和諧的平衡，處於健康和諧的狀態。任何生理或生理環境平衡的破壞都是所有疾病的起點。

20 世紀末，G. Engel 發展的醫學範式理論，將人作為心身範式中的心智（精神）和軀體的統一體，也即身心不是兩個分離的實體，而是相互作用和相互關聯，影響有機體的和諧。心靈影響身體，身體影響心靈。它是一種跨學科的醫學，了解生理、社會、心理和行為因素對人類健康和福祉的相關性。換言之，健康不能被解釋為沒有疾病，必須從整體上理解。

在心身醫學出現之前，長期主導西方醫學思想的笛卡爾二元論（Cartesian dualism），認為一個人不會生病，除非他／她被病毒或細菌感染。這種理解說明了一些事實，但現代醫學已經超越了其理解，轉向了一種新的醫學範式，支持生理－心理－社會方法的互動功能。

在西方的整體概念中，疾病很少來自單一原因。可能需要三種或多種因素組合才能使疾病表現出來。這些因素破壞了外部和內部環境之間的平衡，並使適應機制的能力過載。中國人意識到心靈與軀體的這種統一性，以及器官和情感的相互依存關係。心臟疾病可能會影響腎臟和肺部，反之亦然。肝膽疾病可能影響胃。如前所述，中國醫學哲學在五相循環中形成了一個完整的器官之間相互依存的圖式。

這種進步的、全面的西方健康概念與中國古代的疾病概念之間有相當多的一致性。在這兩種哲學中，任何恢復外部和內部環境之間平衡的飲食、醫療、身體、心理或其他治療都將自動恢復健康。當然，在發生不可挽回的損害的情況下也有例外，例如，神經細胞死亡、無法手術的惡性癌症、肝臟或腎臟的廣泛纖維化……等，或者物理損傷導致無法自癒的地方。

中國古代醫學哲學指出：「人站在天地之間。」在現代概念中，這可

以翻譯爲：「有機體是天（精神、思想、非物質力量）和地（食物、物理環境、物質力量）的產物。」這也可以翻譯爲：「生物體受到精神、非地球能量（宇宙、太陽、月球）以及其直接環境中的力量（營養、氣候、電磁和地球物理力量）的影響。」[12]

　　人的健康可以被定義爲內部環境與外部環境的和諧。有機體對內部和外部環境做出了良好的反應，並且可以在不斷變化的世界中發揮其自然功能。因此，健康不是一種絕對的狀態。它是一種依賴於環境的相對狀態。當內外環境之間或內部環境存在不和諧或不平衡時，就會發生疾病，可以透過消除原因和或增強適應機制來治療。

　　正如人與自然是一體的，中西醫結合也將生命體與心靈連繫在一起。元氣聚時，病人多半痊癒，氣散時，絕症機率大。因此，中西醫結合之道是整體的、自然的、關係的、對所有機制負責的。

1. **整體性**：人不是一個孤立的存在。他與所處的環境有關，因此必須從各個方面檢查發生的任何問題。當一個人生病時，它不能僅僅是身體因素。例如，感冒時，不僅僅是一個人的免疫力不足，也可能是因爲一個人的生活環境導致了疾病的發作。因此，我們必須從人與環境的互動以及一個人生物構成的互動中來看待他。

2. **自然主義**：健康是生命自然過程的一部分，而治療只是找到賦予這些過程權力的方法。生與死是自然過程的一部分。當時間到來時，一個生命誕生，然後一個生命死去。在這個過程中，一個人需要做的是與他的同胞、他的周圍環境和自己和諧相處。

3. **關連性**：患者與治療者在內的社會之間的關係，都是治療過程的一部分。但我們必須牢記，一個人與自然、與他人、與自己以及與最終實在（ultimate reality）或說上帝，有著多重關係。

4. **負責任**：按照道的方式生活是保持身體健康的必要條件，但每個人也有

責任和能力對周圍的人做出適當的反應。因此，中西醫結合也是一種預防醫學，健康的生活可以保證和諧豐富的生活。

生化測量不應是確定一個人是否生病或健康的唯一標準。即使在生病時克服了所有病原體，仍然不是完全治癒。真正的醫治需要心理，社會和精神上的照顧，就像它需要身體上的治療一樣。

結語

我們對人類的理解，會隨著醫學發現的進展而改變。什麼是健康，什麼是幸福生活也一樣會因時空的進化，科技的發展，人類的自我認識而有所迥異。所有醫療系統都面臨著一個不斷變化的世界，即使它們仍然在本土文化中。西方醫學的到來對亞洲傳統醫護系統帶來了挑戰，而且有取代的傾向，它的威力正在失去控制。然而，我們越是思考和證實東方醫學的基礎理論時，我們就越相信陰陽力量的平衡確實是一種和諧而快樂的生活方式，正如亞瑟・克萊因曼（Arthur Kleinman）所指出的那樣，傳統的治療實踐不應該脫離其社會結構和文化背景。[13] 東方醫學不可能完全被取代。今天傳統漢醫還在社會中扮演重要的角色，連歐美國家也漸漸認識到針灸在醫療中的貢獻。

與東方方法相呼應的綜合醫學已經確立了整體健康方法的重要性。我們越了解人，身體的複雜性就越展開，我們越能發現生命的意義，越了解人與自己、與他人、環境和最終現實的和諧關係，人就越能被祝福。

人類是一種身體、心靈和精神的存在，或者在中方的表達中，是陰陽的一種成分，治癒不能透過特定的物理方法來隔離。任何疾病都必須得到全面與平衡的理解和治療。

參考文獻

1. World Health Organization. 1946. WHO definition of Health, Preamble to the Constitution of the World Health Organization as adopted by the International Health Conference, New York, 19-22 June 1946; signed on 22 July 1946 by the representatives of 61 States (Official Records of the World Health Organization, no. 2, p. 100) and entered into force on 7 April 1948

2. World Health Organization. 2006. Constitution of the World Health Organization - Basic Documents, Forty-fifth edition, Supplement, October 2006

3. Engel GL: *The Need for a New Medical Model: A Challenge for Biomedicine. Science* 196, (4286) 1977: 129-136

4. American Hospital Association Report : Latest Survey Shows more Hospital Offering Complimentary and Alternative Services. 2008. 09. 15

5. Stemberg E: *The Balance Within: The Science Connecting Health and Emotions*, Alternative Medicine Goes Mainstream. CBS News: July 20. 2006

6. Li CY and Zmiewski P: *Fundamentals of Chinese Medicine*. Taipei: Southern Materials Center, INC. 1986: 95

7. Deepak Chopra: *Perfect Health*. New York: Harmony Book, 1991

8. Crawford SC: *Hindu Bioethics for the 21st Century*. New York: State University of New York Press. 2003: 107

9. Dai SB: *The Foundation of Chinese Medicine* (chung-I hseh chi-chu). Taipei: Chi-yeh,1987: 21f

10. Porket M: *The Theoretical Foundation of Chinese Medicine--System of Correspondence*. Southern Materials Center Inc. 1981: 43-54

11. Li CY and Zmiewski P: *Fundamentals of Chinese Medicine*. Taipei: Southern Materials Center, INC. 1986: 23

12. Rogers PAM: *Holistic Concepts of Health and Diseases, Part 1*. The Medical

Acupuncture Webpage. Dublin: 1996

13. Kleinman A: *Patients and Healers in the context of Culture*. Berkeley: University of California Press, 1980

第二篇　臨床醫學倫理

第六章　生命盡頭的決策——誰來做決定？

　　傳統上病人在醫療上的合作和遵從醫囑是看病求治應有的基本態度。1848 年美國醫學會（AMA）的倫理準則第 6 條就寫道：「患者服從醫生的處方應是及時和根本的⋯⋯」。但美國醫院協會（AHA）於 1973 年發表的《病人權利法案》稱：「患者有權在法律允許的範圍內拒絕治療⋯⋯」。乍看下，這兩種說法似乎是相互矛盾衝突的。當在生死關頭考慮誰要做出最終決定時，情況可能更加複雜。例如，在儒家社會中，個人的權利並不像西方那樣受到強調。相反，家庭因素往往決定決策走向。在這種情況下，患者的自主權不能得到充分行使，但我們也不能說這種文化趨勢違反了生命倫理原則。這是一個實踐了數千年的傳統，也沒人提出挑戰，因為古時候的醫療沒有今天的進步使決定變成困難。

　　現今生命醫學倫理學強調必須尊重病人的自主權，除非病人失去了行為能力。可是當面臨危急情況時，是否應該賦予醫生做父權式的決策權利，還是應該尋求病人代理人的願望？人權觀念的提升使父權式的作法逐漸失去了其說服力，因之有了病患代理人的出現，在病人無法為自己做選擇時，代理人的意見就是遵循的指標。問題不再是患者的自主權與醫師父權式的決定做法，而是如何及時尋求患者或其代理人的知情選擇。

　　按照傳統慣例，家屬，通常是一家之主為病人做決定。但患者的願望呢？因之醫護專業人員會盡其所能從患者獲得生前醫預囑（Living Will）或「先行指示」（Advance Directives），作為即時的決策指引。如果患者同意，也可以在家人在場時進行討論並簽署同意書。這個先前指示就是《病人自決權利法案》，它已在臺灣推廣了。

倫理原則

　　Beauchamp 和 Childress 在 1977 年合作出版的《醫學倫理學原理》
（*The Principles of Medical Ethics*）一書，以普世共同的善（Common
Good）提出倡導了醫學倫理學四項原則，它已成為當今普遍接受的醫學
倫理規範，即切勿傷害（勿害）、利益病患（善益）、病人自主（自主）
和公平正義（公義）。這四項原則都是舉世公認的美德。前二個是醫學之
父希波克拉底的教導，後二項是文藝復興後文明世界的強調。四項原則皆
為醫療上重要之指標，各有各的指導功能意涵。

　　但當衝突發生時，這四項原則中的哪一項，應列為優先的考慮呢？[1]
這是一個很難回答的問題，因為這四項原則都同樣重要，而且重點不同。
善益和勿害是普遍期望的，並且自古以來已經無形的融入了醫學精神裡。
醫療的目的是要醫治病痛，以病人的福祉為念。病人自主在於尊重患者醫
療決策的權利，公義則涉及了醫療資源的平等分配。在當今消費主義（強
調權利）盛行的社會環境中，個人自主已成為最被強調的原則。誰來做決
定這個問題的答案非常清楚──不是別人，正是病人本身。

　　當必須做出關鍵決定時，病人應該有權自由表達他／她的意願。然而
在臺灣並非如此單純，因為個人自主的概念在漢文化裡便不清晰。儒家的
社會結構以家庭為基礎，一家之主有權代表他所照顧的成員做出決定 [2]。
在西方的理解中，患者本人是醫生在治療過程中唯一諮詢的人，雖然有時
家庭成員也都參與其中但病人的自主權是被尊重的。但也有一種家庭集體
的討論決定模式，因為每個成員的幸福都會影響整個家庭。

誰來做決定的調查

　　為了進一步測試如何做醫療決策，本作者在 2002 年夏天對 250 名年齡在 20 歲至 55 歲之間的人進行了一項調查，目的是找出誰在醫療環境中做出決策。有效交回的有 186 份。參加調查的有醫生、護士、大學生、職業母親和其他人。本研究採用描述性方法。調查證實，即使在今天，人們仍然認為家長有權代表家人做出決定。本次調查結果如下（N=186。家長指一家之主如父親或丈夫……）。

　　此調查共有四個主題：(1) 根據你的經驗或想法，如果患者的疾病已被證明是癌症，那麼應該向誰公布診斷結果？(2) 根據你的經驗或思維，誰通常根據疾病的治療過程做出決定？(3) 當康復無望，死亡臨近時，是否應告知患者她／他即將死亡？(4) 根據你的經驗，誰來決定是否接受手術來切除腫瘤？

　　這項調查顯示，患者常不會就其身體疾病的治療做出決定。例如，當癌症的診斷得到證實時，超過三分之二的人（67.8%）表示結果會透露給一家之主，例如父親或丈夫。在決定治療過程時，超過一半的答案（57.1%）表明該決定是由患者的父親或丈夫做出的。在決定一項重大手術時，只有 7.4% 的人表示該決定是由患者做出的。顯然，在這個社會中，個人在醫療決策中的自主權是缺失的。這一發現並不奇怪，因為在儒家社會中，一家之主應該有權利／義務代表他的家人做出決定。同時，他也有責任為他照顧的人帶來幸福和福祉。

醫病關係

　　醫病關係是一種感人而有意義的相互依賴之經歷，其中一方，即患

者有意尋求另一個人即醫生的幫助。基本上，醫病關係代表了一種監護及受託，其中病人的自主權、保密性受到醫生的尊重。然而，說明醫病關係的奧妙往往無法涵蓋這種關係概念的深刻性，因為醫生要照顧一個受苦的人，必須具備對人性的全面了解也要具有科學知識和醫學技能。醫生必須確認患者得有一些症狀、疾病或破碎的情緒，而且是一個擔心和無助的人，他尋求醫治與解脫，且信任醫生能給他幫助。病人經常與醫生分享他們的想法和擔憂，甚至會告知一些通常不會與親密的朋友甚至家人討論的經歷。患者和醫生之間和諧關係的影響是深遠的，而診斷的準確性和治療的有效性也取決二者之間的互動。醫學倫理學者曾提出多種的關係，但基本上們可簡化成三個不同的醫病關係模式：

一、醫生做出父權式的決定

醫生在沒有諮詢病人或其家人同意的情況下做出決定。這是一種傳統類型的主動與被動的關係（Activity-Passivity）。這樣的醫病關係，要求患者服從醫生的處方指示，病人被動聽從。這是典型的臨床父權家長式作風，是最古老的醫病關係模式。有時它被描述為是父母與小孩的關係，醫生對情境有絕對的控制權，給人一種優越感，而患者被認為是無助的，無法做出貢獻或互動，治療開始不管診斷和結果都只能依靠醫生。醫生作為患者的監護人，對患者健康的渴望用他的知識和技能做出對患者最大利益的治療，患者也感謝醫生做出的決定。這種模式可以在民智未開或緊急情況下被視為當然，目前在鄉下也還盛行。

二、醫生被賦予做出決定的權力

患者或其家人，不確定什麼對患者最好，因此將決策權交給主治醫師。醫生會向患者或其家人解釋病情，診斷結果和他選擇的治療方法。醫

生給予指導，患者或其家人聽從醫生的決定，是一個接受的角色。這種類型與前者之唯一區別是在這模式裡，患者或家屬至少被告知治療過程。因之被稱為「指導─合作模式（Guidance-Cooperation）」。患者有意識有感覺，並準備「合作」尋求醫生的幫助，醫生將提供指導及相關信息，旨在啟發患者的價值，並主動或被動地幫助患者配合醫囑來得到醫治。醫生的責任是提供真實有效的信息，在他或她的專業知識上盡力相助。這可以老師與學生之關係來了解。

三、醫生諮詢病人或家人做出決定

最新的模式是相互參與合作或協商模型（mutual participation），基於兩個人之間相互參與作出最合適之治療的概念。在這裡，雙方權力平等，相互依存，避免強制，因此患者的自主權能自我發揮，透過參與對話選擇最佳路徑的醫療。它基本上代表了兩個成年人之間的朋友關係，在慢性病的照護方面非常有成效。

這三種類型在臺灣都有。第一種類型無疑違反了自主原則，這是醫病關係裡典型的「主動─被動模型」。在第二個模式中，醫生得到受權將治療決定通知患者及其家人，但由於雙方知識的不對等，因此醫生幫他們建議與選擇，也教導他們。第三種模式是醫生與病人直接溝通來決定診治計畫，在教育水平普遍提升的時代，是理想的形態。

自主權父權式的決策及變化狀況

自我治理的概念最初來自希臘城邦獨立於外部之控制所追求的政治體系，主張自治和自決權。將這一概念應用於醫療環境，就意味著患者在被告知他／她的病情後獨立決定治療過程。自主就是不受他人的控制，因

此自主不受任何脅迫、不當影響和操縱。病人自主之倫理原則建立於人天生就具有權利來決定什麼符合他們自己的意願與最佳利益。因為促進生命本身的各面向之健全就是生活的目的。另一方面，父權家長式的主張認為，有時其他專業人士更可以保護或促進另一個人的利益，儘管這種「他律」，違背了人自己的直接願望或限制了本人的選擇自由，但基於「父親知道什麼對他的孩子最好，醫生有專業知道如何恢復健康」的價值觀，由專家來做抉擇。這種父權模式在臺灣以三種不同形式表現出來：

首先，就如上面醫病關係的模式所解說，醫生在沒有諮詢患者的情況下做出決定，這是一種傳統的醫病關係，基於良好的痊癒需要患者服從醫生的決定，醫生在診治病人時，以他的專業判斷決定治療方法。這是典型的父權式作風。

其次，某些病人會把決定醫療權交給醫生或如果患者無行為能力而其代理人（如父親或丈夫）又不確定什麼對患者最好時，會完全接受醫師的指示。第三個相互參與的模式雖然由雙方共同討論後，由病人做抉擇，但這個模式有它的限制性，因為病人往往須要時間思考不能當機立斷而浪費時間，有的病人也會去尋求第二意見，使醫生綁手綁腳，因此他雖然尊重了病人的自主，但卻使醫療過程變得比較複雜。

還有一個情況時而發生，特別在儒家社會中，即病人家屬要求醫生在診斷確定時，首先告知家人，也暫時向患者隱瞞事實，認為患者太脆弱無法接受無藥可醫的消息。醫生雖然尊重自主權但因被要求而有時也會繞過患者，直接與家屬諮商，由丈夫為他衰弱的妻子或兒子為他年邁的父親做出決定。有知情同意，但不是由患者而是由他／她的家人來完成。即使檢查已經確認病情是晚期的，因對家庭的尊重，醫生告知患者的家人，結果是許多患者並不知道他們實際上正接近死亡。

另外還有一個逐漸發展的模式，就是病人或一家之主不再獨自做出決

定而以集體的方式，包含醫生，病人與全家人共同協商。因爲一個人不僅是一個人，他也是家庭的延伸，家庭是大我，個人是小我。因此，關於生命的嚴重問題需要由整個家庭來決定。在儒家社會中，每個人生活的中心不是個人本身而已，而是家庭。家庭是個人生活的重心也是社會最基本的單位。因此，與家庭中較大的自我相比，個體是一個小的自我。一個決定必須在這個更大的自我而不是個體較小的自我的背景下做出。每個人都被視爲一個更大的自我的一份子。但這個模式在社會變遷，價值觀混亂之時代很難成形。因此，西方所理解的那種個人主義自主在東方是較缺乏的。

　　父權式的模式在臺灣的鄉間隨時可見。對很多醫生來說，這是個好病人。第四個情況值得我們關注和討論。如果醫生已經履行了通知患者家屬的義務，但患者本人卻被蒙在鼓裡，那麼家屬的這種知情同意是否違反了自主原則？但醫生覺得他有義務像傳統上預期的那樣與一家之主討論病情。這種做法是文化性的，必須從文化的角度來理解。在這裡，自主不是個人主義的，而是家庭性的東西。它是集體而不是單獨完成的，我們可稱它爲家庭決策模式（familial decision-making）。[3]

　　在中國文化中，有三種主要美德，即：人／仁性（humanity）、慈悲（compassion）和孝道（filial piety）[4]。孝的觀念對如何做出決定有著巨大的影響。孩子們應該尊重和用他們所有的能力來支持他們的長輩。另外，還有三個人生目標，即福（多子多孫），祿（繁榮昌盛，多金多銀）及壽（長命百歲）。爲了讓一個兒子看起來是孝順的，他會盡一切努力堅持採取措施延長他們長輩的生命。因之兒子爲他們的老人能長命百歲，無論長者的生活變得多麼無意義，也要延命救治。因爲孝道的概念激勵著他們。例如，當一個人在 79 歲時去世時，訃告會說他 80 歲（通常會給老人增歲），以表明死者已經享受了更長的壽命。爲什麼人們持有這樣的觀點？孝順是一種社會期望，一個人活得更長，意味著他的家人已經好好

地、孝順地照顧了他。這是一種觀點，即生命比死亡更強大，人們寧願活著而不是死去。人的生命具有內在的價值，因此我們的道德責任是促進和延長人的壽命。孝順是為老年人提供一個可以長壽、享受舒適之生活、多子多孫的環境……等視為蒙福。這種價值理論使臨終決策變得更加困難，因為它更重視「量」的生命，而不是「質」的生命。John Harris 的話很好地解釋了這種心態：「珍視生命的不可替代性是相信人活著比死更好，死得晚比死得早更佳。」[5]

誰來做決定？

根據原則主義，除了病人自己之外，沒有其他人可以為病人相關的所有醫療程序做出決定。這個概念在個人主義社會中被認為是一種社會規範。但在儒家社會中就不適用，因為家庭是社會結構的中心而不是個人。就如上面所討論。當患者被診斷出患有晚期癌症時，第一個被通知的人有可能不是患者本人，而是一家之主，例如父親或丈夫。然後，他將與其他家庭成員商量，看看必須採取什麼措施。做出決定後，可能會以變相的方式告知患者緩解其焦慮。此外，在考慮不同的治療方案時，被諮詢的是家庭成員，特別是丈夫或父親，而不是患者本人。當患者是老邁的父親或虛弱的妻子時，家庭話語權者如長子，是醫生會諮詢的首要對象。這種家庭決策可能被視為違反個人權利。加拿大面對愈來愈多的亞洲移民，也出現了對文化差異的同情理解，開始推動一種新的觀點，就是也要關注家庭，地域、種族、宗教……一種優先於個人需求、渴望和願望等之考慮。這種社群主義觀點對原則主義的西方倫理學之基本假設提出檢討，包括被過度誇大的個人自主原則[6]。臺灣的做法傳統上偏向社群主義，但我們必須嘗試在相互參與的基礎上發展出一種新觀點，即在做出臨終決定時，家人和

患者個人都應受到尊重和諮詢。這一新願景是上述所有模式的組合。它是社群主義的，家庭的，也是個人的。我們可以稱之為集體自主（communal autonomy），不僅在知情同意上，而且在知情選擇的意義上。

　　在大多數醫療情況下，資訊是保護自主權的關鍵。如患者不被告知而採取的替代治療及其相關風險，剝奪了病人敘述自己願望的機會。在這情況下醫生不向患者提供患者所需的資訊，限制了患者的自主權。自主原則要求知情同意有選擇權，而同意本身並不涉及真正的自決。在不徵求他人意願的情況下，為他人的利益做出決定，剝奪了他們作為自主代理人的地位。例如，有些人在絕症的最後階段可能更願意在沒有額外干預的情況下走完人生，而另一些人可能更願意延長他們的生命，一直想尋求可能的醫療技術。如果醫生或家庭承諾在沒有患者參與的情況下做出決定，無論動機如何，他們就剝奪了患者的自主權。因此，必須向患者提供資訊並尋求他的偏好。換言之，必須促進知情選擇，提供資訊，解釋選項，然後允許患者表達他的偏好。家庭或醫生做出的任何最終決定都必須基於此對病人的尊重。在儒家家庭價值占主導地位的社會中，這種相互參與是一種妥協，但比不與患者協商或患者單獨做出的決定而不告知家人的決策要好。換句話說，必須賦予患者決策權，但也應鼓勵家庭參與這一過程。醫生不得單獨通知一家之主，必須尊重病人的知情權。必須發展一種講述和告知的藝術，以便為病人的心理與情緒做好準備。醫生和家屬必須共同努力，找到一種方法來告知患者。如此，在家庭的參與和說明下，自主權得到尊重。傳統由一家之主做出決定的舊模式，特別是在患者處於疾病晚期時，必須藉著溝通藝術告知他／她即將死亡，以便他／她能夠交待並完成未竟的心事。

自主和預先指示

爲了尊重自主權的完整性，使病人在失去意識不能行使自主決定時醫生有一個病人意願的方向，現代醫學倫理提出了「預先指示」或「醫預囑」的概念，允許每個人在他們不再能夠表達自己願望的情況下保持自決權。預先指示也可稱爲生前意願，但由於死亡在臺灣仍然是一個禁忌詞，因此最好稱之爲預先指示。生前醫預囑於 1976 年在美國加利福尼亞州首次立法頒布，此後大多數州與國家都通過了類似的法律。自 1991 年 11 月 1 日起，所有爲醫療保險或醫療補助患者提供服務的健康相關組織必須向任何新的成年患者提供有關他／她作爲患者的合法權利的口頭及書面資訊，包括簽署生前醫預囑的權利。這項「病人自決法」爲使用預先指示提供了有力的鼓勵。臺灣也在 2015 完成該立法，尊重每一個人對自己醫療的意願。

在亞洲，家庭而不是個人是社會的中心。儘管每個人都被認爲是一個獨立的存在，但與作爲一個家庭的更大的自我相比，她／他只是一個較小的自我。當一個人尋求醫療時，尤其是當病例危及生命時，誰來做決定？在從中國、臺灣、新加坡、香港到日本、韓國和越南的儒家社會中，家庭將做出決定，而不是只有個別病人。家庭在決策中扮演的角色至關重要。儘管西方生命倫理思想對亞洲生命倫理審議的影響是不可否認的，但亞洲已經逐漸發展出自己的生命倫理學，並豐富了其傳統文化。

結語

誰來做決定？從西方的角度來看，就是病人本身。但在強調家庭和諧關係的社會文化裡，家庭決策模式（familial decision-making）在尊重病人意願之外，家庭成員的一起思考，分擔苦難也是一種文化性同舟共濟的表現。

參考文獻

1. Parker M, Dickerson D, *Medical Ethics Workbook.* Cambridge University Press, Cambridge, UK. 2001: 276-278

2. Tai MC, Developing a Culturally Relevant Bioethics for Asian People in *Journal of Medical Ethics*, London, UK, 2001: 27: 52

3. Tai MC, *Developing a Culturally Relevant Bioethics for Asian People.* J Med Ethics 2001; 27

4. Veatch RM: *Medical Ethics.* Boston: Jones and Bartlett; 1989:17 Chan WT, *A Source Book in Chinese Philosophy*, Princeton University Press,Princeton, New Jersey, 1973: 69ff

5. Harris J, *The Value of Life*, London; Routledge & Kegan Paul, 1985: 53

6. Ogle KD, Topics in Health Ethics, Saskatoon, University of Saskatchewan, College of medicine, Class handouts, p.12

第七章 亞洲人對器官移植的看法

過去如果一個人，不論心臟、腎臟，或肺……之功能喪失了，這個人就將走完人生。但 20 世紀器官移植醫學科技的巨大成就，使許多器官受損的患者能夠恢復生機，延長壽命。假如沒有這項醫療科技的協助，很多人早已死亡。臺灣的首次移植嘗試發生在 1928 年的夏天，一位因腿部傷口感染的 13 歲小朋友被送至彰化基督教醫館，但所有之醫療均無效，蘭大衛醫師夫人不忍年輕孩子面臨截肢的命運，自願從她腿上取下四塊皮膚，進行臺灣首例的皮膚移植。然而因排斥而失敗。這個事跡被稱為「切膚之愛」。

成功的移植科技可以追溯到 1954 年在波士頓一對同卵雙胞胎之間進行的首次腎臟移植。手術之所以成功，很大程度上是因為他們的基因組成完全相同。[1]30 年後，環孢菌素 A（Cyclosorin A）的發現解決了排斥問題，器官移植取得了真正的突破。現今已經可以移植大部分器官，包括腎臟、心臟、肝臟、胰腺、肺、皮膚，和各種組織，如骨髓和角膜……連臉部、手足都能移植了。1967 年，當南非首次嘗試心臟移植時，人們提出了一個深切的擔憂：代表一個人本質與人格的心臟怎麼能被隨意變換取代呢？[2] 人體器官出現故障時是否可以如同汽車一樣從事零件更換？但看到移植後重新得到的生命活力與沒有移植機會的悲慘結果相比，這些疑慮很快就減少了，看看這項技術給患者帶來的好處，人類對移植技術的突破均拭目以待。漸漸地，對於那些負擔得起昂貴手術的人來說，移植已被認為是常規療程的一部分了。然而，我們仍然還會聽到懷疑和擔憂的聲音，例如，芝加哥大學的 Chase Kimball 博士說：「從事心臟移植的成本與花

費的資源可以救助數千飢餓的孩子。」[3] 另一位作者問：「讓相對少數的人從昂貴技術的公共融資中受益，卻犧牲讓更多的人可以使用廣泛且便宜的醫療之機會是否公平合適？」[4]

今天在臺灣移植手術，特別是活體移植，如肝及腎臟已常在進行，而一些貧困地區，很多人得賣器官換錢養活一家。也屢有報導稱，在亞洲某些國家，包括政治犯在內的一些被關分子被用作移植器官的供應來源。儘管這項技術已成為一種常規的醫療程序，但器官移植的爭議仍然存在。

亞洲國家有著豐富的宗教和道德傳統。亞洲先賢和傳統價值觀如何看待這項新技術？如果移植手術已經成為亞洲的醫療大企業，亞洲的傳統道德價值觀如何看待這些昂貴的手術呢？

器官移植的亞洲傳統思維

故事說有一個人在旅途中在一座偏僻無人居住的廟裡休息。到了半夜，他注意到一個帶著屍體的小鬼魂進來了。雖然他很害怕，但他躲在小角落裡，而另一個更大的鬼魂隨後也出現了。大鬼指著屍體說：「這是我的，你為什麼要偷？」小鬼魂堅持說屍體是祂的財產。當祂們爭論時，大鬼魂注意到了這個旅居者，並命令他做祂們的法官。他很害怕，但他認為最好說出自己的真實想法，所以他說，既然小鬼魂把這具屍體抬了進來，那應該是祂的。更大的鬼魂被激怒了，摧毀了這個旅居者的左臂。小鬼魂看到了發生的事情，立即移開了屍體的左臂，把它接上在這個旅居者身上，再合適不過了。然後，大鬼魂摧毀了這個旅居者的右腿，小鬼魂也從屍體中替換了他失去的東西，這條腿立即恢復了功能。這種對身體部位的破壞和替換一直持續到後來他們都離開了。這個旅居者在恢復了平靜之後問道：「我是誰？我身體的大部分都是別人的，我還是以前的我嗎？」這

個傳說故事提出了一個有趣的問題：接受移植心臟、肝臟或其他什麼東西……的人，是否仍爲是原來的那個人？

中國古代聖賢的傳統教導對移植有什麼看法呢？

一、儒家觀

儒家思想的基本教義之一是孝道，強調子女對父母尊重、順從和愛護的重要性。孝順是仁的根基，是儒家思想的基礎。爲了實踐這種孝道，孔子教導說，孩子在年幼時必須恭敬地服從父母，父母年老時要勤勉地服侍父母，父母去世時要以禮恭敬地埋葬父母，往後也要虔誠祭拜。《禮記》進一步指出，父母給了孩子整個身體，因此孩子必須完整地保護這一具身軀。如果他們在回歸自然前完整將他們從父母得到的一切保存下來，則可以稱爲孝順。[5] 換言之，儒家教義認爲，生而完整的人，死時也應以完整的狀態終結。孔子最喜歡的弟子之一，曾子要求自己的弟子在下葬他前檢查他的全身，以確保他死時與他出生時的身體相同。「身體髮膚，受之父母，不敢毀傷。」[6] 如果一個人捐贈了某種器官，死後「全屍」入土的可能性就喪失了。而接受器官的人卻有多餘的東西出現。怪不得在中國願意捐贈器官的人一直很少。

這個教導顯然告訴我們，人必須保護好從父母得到的身軀，不能輕視它們。每個人的責任是確保這具身體沒有任何損壞，因此一個人不能自殺，也不能捐贈自己的器官，因爲這些行爲是不孝和不尊重父母的行爲。

另一方面，許多現代儒家學者都認爲，爲他人捐獻器官反映了儒家對仁的核心教義。據《論語》記載，孔子說：「夫仁者，己欲立而立人，己欲達而達人。能近取譬，可謂仁之方也已。」[7] 把自己的器官捐給別人是一種慈悲行爲，體現了仁的儒家精神。這些學者進一步認爲，儒家傳統更重視仁和義，而不僅僅是保護父母所給的身體。他們引用了孔子的一句

話：「志士仁人，無求生以害仁，有殺身以成仁。」[8] 爲了加強他們的論點。孔子的這句話確實可以解釋爲贊成捐贈器官進行移植，但同樣地，一個人也可以用孔子的這句話來證明他反對器官捐贈的論點，因爲捐贈一個人的器官也可以解釋爲不孝，殘害了父母給予的身體，所以不是一個有仁者。

二、道家觀

　　道家（本書所指的是道家哲學，不是道教）思想中最重要的概念是道。儒家視道爲道德體系或眞理。當這個道被一個人所擁有時，它就成爲他的性格或德[9]。對道家來說，道是自然的、永恆的、自發的、無名的、不可描述的永恆眞理。個人的理想生活，社會的理想秩序，政府的理想型態，都是以道爲本，以道爲導向。作爲生活方式，它表示簡單、自發、平靜，最重要的是，「無爲」，不是不活動，而是不採取與自然相悖的行動。換句話說，我們必須讓自然走自己的路，而不試圖改變它。這個無爲的概念清楚地表明，道家不會嘗試任何違背自然、去逆轉自發流動的事情。如果死亡是一個自然過程，那麼試圖扭轉它的進程就會變得不自然，也不是自發的，根本不應該得到支持。器官移植是自然的和自發的嗎？顯然，這是一種改變自然進程的嘗試。道家會爲此感到不安。

　　陰陽平衡，或者說宇宙內部的和諧，無論是微觀宇宙還是宏觀宇宙，都是美好生活必不可缺少的。任何破壞它的都會導致疾病並影響生命精華的自然流動。外力強加的操作可能會切斷「氣」的循環，這是在體內循環的無形能量。任何切除器官或任何切割的企圖，都會切斷這種「氣」的自然流動，因此應該避免。簡單而不是人爲的作爲才是理想的生活方式。任何改變原眞生活的企圖都被認爲是不自然的。

　　道教作爲一種宗教，認爲死亡是另一種生命形式，需要食物、飲水、

衣服、金錢……等等。任何對身體的傷害都會影響死者生命的完整性。顯然，無論是作爲一種宗教還是作爲一種哲學，道家都會對器官移植表示懷疑。

　　然而現代道家學者在面對醫療技術挑戰時認爲，道家只是把人體看作是一個沒有實質意義的庇護所。生命中重要的部分是生命中流動的道和德。如果肉體只是一個庇護所，任何試圖改變它或從中移除任何部分的嘗試都不會影響生命的本質。生命不能被器官所限制。生命指向所有的可能性，因此捐獻或接受移植器官根本不會影響任何事情。此外，這個新詮釋還認爲愛是生命的一種自然表現，比如狼媽媽爲了照顧自己的小狼有時自己必須受傷或犧牲也在所不惜，這是自然而然的天道。因此，不應該反對爲了拯救另一個生命而捐獻自己的器官。老子說，道之道，以多補不足。[10] 從這個角度來看，臨終者捐獻器官來幫助需要移植的病人，還有違道嗎？

三、佛教觀

　　佛陀教義的基礎在於四聖諦；即苦諦、集諦、滅諦和道諦，佛教不管支派如何衍流，根本上皆依據此四諦爲教義的出發點，否則即非佛教。諦之梵文爲「Satya」，其原義是事物的內在意涵，認爲那是眞實無誤的道理。[3] 也就是認爲一切的生命都是苦（dukkha），苦的因由是慾或貪（tanha），而苦的盡頭應是擺脫貪執。要克服苦的方法則須嚴守八正道，即 (1) 正見：正當的見解。(2) 正思：正當的思想。(3) 正語：正當的語言。(4) 正業：正當的行爲。(5) 正命：正當的生活。(6) 正勤：正當的努力。(7) 正念：正當的意念。(8) 正定：正確的禪定。
1. 正當的見解：要有對如何生病、忍受疾病並從中解脫出來的正確了解。
2. 正當的思想：準備放棄對世界的依戀。

3. 正當的語言：絕不能撒謊，誹謗。

4. 正當的行為：放棄奪取性命，不殺生。

5. 正當的生活：放下錯誤的生計。

6. 正當的努力：防止潛在的邪惡出現並擺脫邪惡。

7. 正當的意念：避免及克服渴望和沮喪。

8. 正當的禪定：走向心靈的純潔和平靜。

　　四聖諦和八正道是佛教的基本教義[11]。從這些教義中，最初給人的印象是，佛教不會贊成器官移植。畢竟，如果生活只是痛苦，一個人會願意繼續生活的痛苦嗎？如果過著有道德生活之目的是為了逃避轉世的輪迴，那麼一個人會願意接受器官移植使痛苦持續下去嗎？渴求「活下去」也是一種慾望可導致了業力的積累，使一個人陷入了生命的深淵，那麼移植器官，是一種佛教嚴肅要消除的貪心嗎？顯然是，但也有認為是否定的。佛教認為地球上的一切都是短暫又無常的，包括自我在內的任何事物都不是永恆的。意識到一切都只是無常過程的一部分，移植器官以維持生命將會是愚蠢的，因為在輪迴的枷鎖裡，沒有什麼要去擁有，也沒有什麼要被擁有。一個人可以簡單地放手，但放手有痛苦的結束也可能是一種解脫。器官移植以延長壽命畢竟不一定是一件好事？然而，另一方面，大乘佛教認為，仁慈的佛陀不能忍受看到人們生活在愚昧中，因此決定將自己進入涅槃的方法教導眾生，在世上教化並拯救更多的人免受惡業的譴責。這種菩薩的本性就是慈悲。基於這一教義，出現了一種新的解釋，即佛教應鼓勵捐獻器官進行使需要的病人能得以移植來治療，因為這是一種慈悲的行為。因此，佛教對新的醫療技術並不消極。

　　然而，大乘佛教的一個分支淨土宗嚴格來說，會持有不同的見解並拒絕從腦死後不久的人那裡獲得器官。西藏喇嘛教之渡亡經生死書堅信，一個垂死的人不能受到外界的干擾，靈魂離開一個身體需要八個小時才能

和平遷移到新的輪迴，干擾即將往生的人會阻礙安祥的轉移[12]。清淨之靜土由阿彌陀佛管轄，菩薩在西方極樂世界的蓮花寶座上，與觀音菩薩相伴。

　　我們可以說佛教對器官移植的立場有兩種相反的觀點。如果出生是萬惡之源，生命不過是痛苦，爲什麼要接受一個器官來延長痛苦呢？如果貪慾使人墮入輪迴，渴求器官移植就不是一種陷入輪迴的業障嗎？另一方面，現代觀點強調佛陀的慈悲心，認爲捐獻器官救人是一種愛心行爲，應該受到鼓勵。然而，從渡亡經的角度來看，這個捐贈的器官已經不再有醫療用途了，因爲當魂離開肉體時。其實人已經死了至少八個小時，移植最佳時機已過。

　　我們可以說佛教對器官捐贈或移植沒有任何特定見解。決定取決於個人的意願。鑒於減輕痛苦脫離它的枷鎖是佛教的核心，捐贈以幫助有需要的人可以是一種加害，也可以視爲一種同情和慷慨的行爲，雖然那也會是一種「慾」。我們只能說在現代佛教的信仰裡，器官捐贈與移植是一種個人選擇。

結語

　　要捐獻器官與否？當一個人病入膏肓必須換器官時，是否接受還是拒絕移植呢？在 20 世紀中葉以前這個選項是不存在的，也沒有人討論這個議題，因之根據中國傳統聖賢的理念來說，其答案是否定的。然而，科技的進步迫使我們面對這個過去是假議題的兩難。秦始皇如果活在今世他的回答一定肯定的。人們對長壽的渴望希求不因時代而異。

　　從儒家觀點來看，身體髮膚，受之父母，不可毀傷。如果死者沒有「完好無損」的身體過世，子女在心理上會有所困擾甚或自責。因之臺灣

人對捐獻器官之意願低微。從道家來看，身體只是一個軀體庇護殼所，不是本質，因此捐獻器官並不違反任何規則，一切可順其自然。慈悲在傳統上一直是被強調的美德。無論是傳統還是現代，慈悲爲懷都有強大之說服力。新醫學科技的進步催促觀念必須改變，學者也在時代的考驗上有新的詮釋，否則，傳統的教義可能很快就會被科學發展的潮流所淘汰，失去其市場而消失。

器官移植的醫療是一項必須在過程中仔細地進行也是費用昂貴的工作，即使它可以挽救生命，也如 Robert Orr 博士所說，它雖是一個新興的醫療技術，但也是一種冒險。[13] 如果有一天醫學進步到不須器官移植就能解決病情，傳統理念也就不會因應時代潮流來做新的詮釋了。這項技術爲誰服務？正義難道不是醫學倫理學的主要關注重點之一嗎？由於醫療費用高昂卻只能爲極少數有錢人服務，面對世界眾多的貧苦大眾，我們可以視而不見嗎？1984 年科羅拉多州民主黨州長理查‧蘭恩（Richard Lamn）說：「……時間一到，我們都有責任『死去』，讓所有的儀器和倫理兩難擺脫困境，以便我們的孩子能夠建立合理的生活。」[14] 他的觀點並沒有得到移植領域醫學專業人員的贊同，但他的觀點卻點出另一個公平正義的問題來。

如果孔子、老子和佛陀活在 21 世紀，他們會如何來回答所有這些關於器官移植的問題？我們無法知道，因爲他們從來沒有機會面對我們必須解決的困境。但從他們的教誨來看，孔子會說，生活中還有其他比生命本身更重要的東西，履行天的旨意，維護人類的美德，應該成爲每個人關心的首要問題。老子會說，隨自然而行是生活的方式，任何阻止它的企圖，也就是逆「無爲」之道的行境，肯定會招致災難。佛陀會教導我們，覺悟結束了痛苦，並讓人們看到沒有永久的自我，爲什麼要渴望執著呢？雖然透過器官移植可以推遲死亡，但倖存下來的，只是必須再一次面對另一個

死亡。如果一個人無法戰勝死亡，或許透過耗盡和消減導致渴求永生的願望，來學習如何積極活在每一個生命的時刻，找到一個超越死亡的方法，是值得思考的課題。

聖賢們皆認爲物質生活以外的東西更珍貴更重要，但現代人對長壽的渴望，享受物質生活的追求，促使人們尋找更多的東西。在 21 世紀，「那些器官衰竭的人是有福的，因爲他們將能接受移植」[15]，只要他們有足夠的財富支付費用。

參考文獻

1. Houlihan PJ: *Life Without End: the Transplant Story*. Toronto: NC Press, 1988

2. Tai MCT: The Ethics of Exploring New Medical Technology. *Chungshan Med Journal* 1998; 9(1): 1-6

3. Friedrich O: One Miracle, Many Doudts. *Time* 1984; Dec. 10

4. Kutner N: Issues in the Application of High Cost Medical Technology: the Case of Organ Transplantation. *Journal of Health and Social Behavior*. March 28, 1987; 23-26

5. Yang CH: A Confucian View on Organ Transplant. Newsletter for Research of Applied Ethics (Taiwan) 1994; 2:10 (quoted from Book of Rites)

6. Tai MCT: Principles of Medical Ethics and Confucius' Philosophy of Relationship. Religious Studies and Theology (Canada) 1997; 16(2): 60

7. Chan WT: *A Source Book in Chinese Philosophy*. New Jersey: Princeton University Press, 1963: 31 (Confucius' Analect 7: 28)

8. ibid p. 43 (Confucius' Analect 27: 8)

9. Fung YL: *A Short History of Chinese Philosophy*. New York: The Free Press, 1948: 105

10. Wang PH: A Taoist View on Organ Transplant. Newsletter for Research of

applied Ethics (Taiwan) 1994: 2: 20

11. Matthew SW: *World Religions*. New York: West Publishing Co, 1991: 138

12. Shu CH: *A Buddhist View on Organ Transplant*. In: Buddhist Ethics. Shu CH.ed. Taipei: Pure Heart Foundation, 2001: 56

13. Orr RD: Christian amd secular Decision-making in Christian Ethics. In:Kilner JF, Cameron NM eds. Bioethics and the Future of Medicine. Grand Rapid: William B Eerdmans Publishing Co, 1995: 138

14. Friedrich O: One Miracle,Many Doubts. *Time*, December, 1984: 10: 42

15. Hutchinson R: The High-tech Chronic: A New Kind of Patent. *Human medicine* (4) 1988 (Nov): 118

第八章 自然與非自然——
道家哲學思想在生命倫理學中的應用

　　醫學科學的快速發展使醫生能夠用救助生命的維生機器，無限期地延長壽命。這種新技術挽救了許多生命，但也使醫療決策複雜化，在漢文化的社會中，孝道被視為一種社會規範。為了顯得孝順，許多人要求那些實際上接近死亡或永久的植物人（PVS）維持生命的跡象。相反，有些人意識到親人已無救治希望，要求關閉維持他們生命的支持系統。在一些國家，死亡權的運動正在獲得動力，但只有少數國家通過了允許安樂死的法律。根據道家的觀點，所有這些延長或縮短壽命的努力和企圖都是人為的、武斷的和不自然的，不應該被考慮。一個人的身心平衡、生活富裕、體魄健康的關鍵……等，就是讓「道」自由流動，這樣萬物才能按照自己設定的位置和規則來運作。任何破壞道的流動的企圖都是非自然的，只會導致不幸和痛苦。人類的生存取決於宇宙中和諧的建立和一個人的良好健康，換句話說，就是身體內微觀世界的和諧。

　　死亡是一個多方面的現象。人類對人在塵世之終極體驗與意義的探索，在方法上有所不同，有生物學的、哲學的、社會學的，法律學的或神學的……，而且每個人都以獨特的方式理解自己的死亡。醫生治療不同信仰的患者，他們不同的世界觀導致對死亡現象的不同解釋。然而在一個以孝為社會規範的社會中，當患者家屬堅持透過維生系統為植物人或陷入昏迷的患者，延長生命但又無康復希望時，醫生該怎麼辦？醫生是否該以非自然的醫療技術維持生命，值得我們深思，以重新發現生命的真正意義和目的。

　　本章將從生死現象的角度來思考什麼是自然與非自然，並提出一個問題：一個沒有任何恢復希望的生命卻需要依靠外在手段存活是否值得？基本上，這種努力是不自然的，因此患者的死亡如果是因為自然的方式造成的，那麼對絕症患者停止或中止治療在倫理上是合乎倫理的。但我們不能說所有的醫學治療都是不自然的，因為它不是在試圖打斷自然發展的流動嗎？不，如果治療可以恢復健康，它不是不自然的，而是介於自然和非自然之間，目的是恢復自然。每個人在生病時都應該有這個機會的權利。然而，當治療被證明是徒勞的，或者當恢復健康的非自然嘗試變得無效和不人道時，那麼，維持生命的非自然方式應該被放棄。簡而言之，當處於生命支持系統的 PVS 患者永遠無法以自己的自然能力「存活」時，可以考慮撤回或停止治療。

自然與非自然

一、中國哲學中的三個關鍵概念

　　中國哲學中有三個關鍵概念，在討論道家對什麼是自然和非自然的看法之前，我們必須首先有一個大致的理解。（本書所指之道家是道家哲學不是宗教的道教，二者是不同的）

1. 「天」是一種神聖的力量，是世界上萬物的源泉。這個天是非個人的，但功能就像一種道德力量，獎勵善，懲罰惡。天的概念有時被稱為「道」。

2. 「道」是宇宙的終極原理。《道德經》是道家的開創文本寫道：「道生一，一生二，二生三，三生萬物。」[1] 道是「極致的『一』」，[2] 是一切的主要根源。

　　「一」也是原始的存在或混沌，二表示陰陽，三是陰陽和它們的統一。

道決定萬物，而一切都取決於它。它是神祕而無處不在的。當你「視之不見，名曰夷。」當你「聽之不聞，名曰希。」當你「搏之不得，名曰微。」「其上不皦，其下不昧。」它是「無狀之狀，無物之象……迎之不見其首，隨之不見其後……」[3]「道」超越了普通知識和人類智力的能力，然而「不窺牖見天道」，[4] 就像在萬物中一樣。道的一般含義是一條道路、方式或途徑。它可以指自然界的路徑，恆星根據自然法則而運轉，季節的順序，生物根據其性質的活動。道是無形的、看不見的、絕對的、永恆的、不變的，但也有一些形式承載著它的實質。從過去到現在，道作為萬物的開始而從未終止，因為它是萬物之始，在萬物形成之前就已經存在了。它是絕對的，但無形的、深不可測的、永遠存在的、不變的和永恆的。道是萬物之母。如以基督教的了解，它代表的就是上帝（God）。

3.「陰陽」的相互作用是變化的基礎。陰原本的意思是被雲層覆蓋，陰暗、隱、祕、暗、涼……，陽意味著閃耀、明亮、輕盈、開放和溫暖。這兩個對立面被視為萬物的組成的元因。性的概念是從陰陽的角度來理解的：男性是開放的、活躍的、侵略性的，因此陽；女性是隱藏的、被動的、屈服的，因此陰。有些人可能認為陰是壞的，陽是好的，但基本上情況並非如此。有陰與陽的分別存在，才是一完整個體系，是良好的，因為它是天的道路和世界的正確秩序。健康的生活是陰陽力量平衡的生活。如果二極能量不平衡時將導致生物體平衡的轉變，反過來又凝聚成肉體中不和諧和疾病的模式。[5] 因此，當一個部分變得過於強勢占主導地位時，它會產生不平衡，和諧就會被打破。陰陽之間的平衡以及透過五行*相互作用表達的所有內臟器官之間的和

---

* 五行是指五種動態和相互作用的力量。它們是水、火、木、金和土。水為潤而降，火為火而升，木為曲而強，金為屈而化，土為播而收。這五者相生相剋，又相得益彰。

諧很重要。[6] 治療由這種不平衡引起的疾病，就是要恢復原有的平衡，
使氣（Qi）形式的道能夠在身體的微觀世界中順暢地流動。

二、自然與非自然

　　道家的聖賢莊子解釋了什麼是自然的，什麼是內在的，什麼是不自
然的，什麼是外在的：牛和馬應該有四隻腳，這是自然的。將韁繩套在馬
頭上，或用繩子穿過牛鼻子，這是人為的。追隨自然是一切幸福和善良的
源泉，而追隨人的做作是一切痛苦和邪惡的源泉。所有眾生可能具有不同

在人體中，這些元素也分別代表某些器官，如水代表腎（下竅）、木、肝（眼）、
土、脾（口）、火、心（耳）、金、肺（鼻）。所有這些都需要保持平衡，以免引
起疾病。所有的飲食計畫都旨在以適當的比例來滋養各自的器官，食物和藥草含有
與其各自元素質量相對應的能量。根據元素和各種內部器官對季節甚至一天中的時間
進行分類。春屬肝，初夏屬心，夏末屬脾，秋屬肺，冬屬腎。不同的疾病在不同的
季節襲擊人。人體是一個整體，所有器官和組織都相互對應。中國醫學哲學旨在透
過整體治療疾病來恢復平衡和協調。治療病人時忽視這一原則會招致災難。The Five
Elements refers to five dynamic and interactive forces. They are water, Fire, Wood, Metal
and Soil. Water is to moisten and descend, Fire to flame and ascend, Wood to be crooked
and strengthen, Metal to yield and to be modified and Soil to provide for sowing and
reaping. These five are mutually begetting and yet also mutually conquering. In human body
these Elements each also represents certain organ, such as water representing kidney(lower
orifices), wood, liver(eyes), earth, spleen(mouth), fire, heart(ear), metal, lung(nose). All
these need to be kept in balance lest disease be caused. All dietary regiments are intended to
nourish the respective organs in right proportions with foods and medical herbs containing
energy corresponding in quality to their respective elements. The seasons and even the
hours of the day were classified with respect to the elements and various internal organs.
Spring belongs to the liver, summer belongs to the heart, late summer belongs to spleen,
autumn belongs to the lung and winter belongs to kidney. Different disease attack people
in different seasons. Human body is an integral whole in which all organs and tissues have
correspondences with one another. Chinese medical philosophy aims to restore balance and
harmonization by treating the diseases holistically. Neglecting this principle when treating
patients invites disaster.

的本性和自然能力，當他們充分而自由地鍛鍊自己的自然能力時，他們會快樂。莊子進一步解釋說，鴨子的腿很短，但如果我們試圖延長它們，鴨子會感到疼痛。鶴的腿很長，但是如果我們試圖縮短它們，鶴就會受到傷害。因此，我們既不能縮短本質上長的東西，也不能延長天生短的東西。[7] 如果我們試圖幫助田地裡的麥子生長，每天幫它拉一點，植物就會枯萎，最終會死亡。因此，自然是指順從道，非自然是指人試圖將自己意志強加於道。在這種情況下，道家是否教導我們不能也不應該做任何事情？不，道家教導的本質不在人為性和任意性。[8] 如果一個人行為過度，它就會變得有害而不好。我們不能強迫事情發生。如果我們試圖以外力讓事情發生，那它就不是真實的。真正的價值必須自然而然地、自發地來臨。人工性和任意性，與自然性和自發性就是相反的。

　　因此，人為性是邪惡的源頭。即使是最好的意圖也只能導致痛苦，因為它不是道的簡單反映。我們必須適應道的流動。因此，智者沒有個人利益，是公正的。他只按照道的行為，自然而然地、自發地行動。

三、自然與非自然觀念的轉變

　　雖然道家聖賢老子和莊子生活在西元前 300-200 年左右，但他們對自然和非自然的看法反映了東方亞洲大多數傳統上的理解。在過去，世界確實被分為自然的事物和人造的事物。但工業科技改變了這種理解。我們有技術，我們可以改進事物。然而，這種變化帶來了挑戰傳統道德準則的代價。就價值而言，技術是中立的。由創造它的人來決定技術應該轉向哪個方向。牛津大學的 Oliver O'Donovan 教授說：「當每一項活動都被理解為製造時，則每一種情況都變成為一種原材料，等待著被製作出一些東西。」[9] 英國學者 John Wyatt 稱其為「樂高套件」（Lego kit）。在樂高套件中，沒有任何自然或不自然的東西，沒有正確或錯誤的方式將碎片

放在一起。換句話說，樂高建築沒有道德基礎。你可以做任何你喜歡的事情。[10] 事實上，正如它在廣告中所說，「唯一的限制是在你自己的想像力。」[11]

　　現代醫療技術可用來解釋了這種「無限冒險」。生殖技術就是一個很好的例子來描述這一切。技術正在改變爲人父母的本質，因此自然的和不自然的正在變得模棱兩可。倫敦大學學院（University College London）的兒科醫生 John Wyatt 提出了一些發人深省的問題：液氮罐中的冷凍胚胎是自然界的產物，還是人類計畫的產物，是人類創造的製品？生殖技術是否意味著製造嬰兒的過程已經從自然活動轉變爲人工活動，或者這種區別不再有意義？當我們改變爲人父母的本質時，我們就改變了我們的關係和對孩子的態度。也許當一個孩子在胚胎時期被捐出與領養或經由體外受精奇妙地創造生命時，孩子可能不再被視爲一個神祕而美妙的禮物，而更像是人爲的人類聰明才智和精心策劃之產物。中文裡有個叫「親生」的詞表示自然受孕的孩子，意思是「我自己生了這個嬰兒，這個嬰兒帶著我的基因的」。母親這樣說是很自然也是自豪的，但是由現代生殖技術開發的代理孕母計畫改變了這一切。親生不再表示這個嬰兒是我自己的，是我的骨肉。嬰兒也可能與孕育他的母親根本沒有任何遺傳基因連繫。

　　除了生殖技術挑戰了對自然和非自然的傳統理解之外，透過維持生命的機器延長壽命也向道家提出了一個問題。呼吸器是自然或是非自然地幫助呼吸？如果是不自然地，依賴它的人還是一個人嗎？是人呼吸，還是空氣透過機器呼吸人？這還有意義嗎？或者當我們以安樂死的名義故意終止生命時，這是自然的還是任意的？死亡是自然發生的還是人爲發生的？如果是人爲的，會不會是謀殺？

　　人們無疑會問的一個問題是，如果是道家信仰，那麼就不可能有醫療。不過答案是否定的，可以透過莊子講的一個故事來解釋：

「顏浩即將成為衛靈公之子太子的家教，他去請教蘧伯玉，說：『這裡有一個生性暴躁的人，如果讓他不守紀律，國家有危險，我要改正他，就是害自己。那個人通常只見到別人的過失看不到自己的不對。在這種情況下，我該怎麼辦？』蘧伯玉答道：『問得好！保持警惕，小心並確保您自己的行為適當。看似靈活，但內部保持和諧。』

然而，做這兩件事是有危險的。在靈活的同時，一定要保持居中。在保持內在和諧的同時，不要公開展示它。如果你太靈活，失去了你的中心，你就會被征服，被摧毀，你就會崩潰。如果你試圖表現出你的鎮定，你會被批評和誹謗，被稱為魔鬼和狗娘養的。如果他想當孩子，就和他一起做孩子，如果他想怪他，就對他做怪，如果他想魯莽，就和他魯莽。然後你就可以接觸到他，讓他恢復理智。」**

顯然，這個故事中的太子因為暴力不適合道。太師教導說，要讓他清醒過來。換句話說，當一個人離開道時，他將需要幫助來糾正人內在所遭受的不平衡。這意味著，誰從道中誤入歧途，就應該有機會回到原來的自然之道。中國文化將個人視為一個縮影，反映了周圍的普遍宏觀世界。宇宙能量流的原理體現在人類的內在工作中。因此，健康的生活是陰陽力量均勻平衡的生活。這些極性能量的不平衡會導致問題。故事中的太子顯然

** 「顏闔將傳衛靈公大子，而問於蘧伯玉曰：『有人於此，其德天殺。與之為無方，則危吾國；與之為有方，則危吾身。其知適足以知人之過，而不知其所以過。若然者，吾奈之何？』

蘧伯玉曰：『善哉問乎！戒之慎之，正汝身也哉！形莫若就，心莫若和。雖然，之二者有患。就不欲入，和不欲出。形就而入，且為顛為滅，為崩為蹶。心和而出，且為聲為名，為妖為孽。彼且為嬰兒，亦與之為嬰兒；彼且為無町畦，亦與之為無町畦；彼且為無崖，亦與之為無崖。達之，入於無疵。』」

遭受了痛苦。他的不平衡導致暴力行為，因此，他生病了，需要幫助。

　　從這種認識中我們發現，中醫基本上是試圖透過氣來恢復流經人體的陰陽平衡。氣是身體和生命的基礎。在道家看來，一切都是由氣組成的。就科學而言，它在某種程度上是神祕的，但它在中國文化中是一個重要而有用的概念，包括傳統醫學、針灸和氣功運動。

道家的理解在生命倫理學中的應用

　　道家的生命倫理學是基於它的自然概念，陰陽的和諧，以及五行的相互作用。無論道的流動是什麼，都被認為是自然的，因此是道德的，相反的將是隨意並且反對自然的運動。將這些原則應用於生命倫理學，我們可以看到道家對非常規的治療感到不適。但是，如果這種治療可以使身體恢復到按照天的本源之善發揮作用的能力時，那麼不自然的措施就變成了幫助回歸道的方式。因此，這種治療是可以接受的。但是，如果治療是違反自然過程的，並且無法恢復身體自身功能的自然能力，那麼這種醫學治療將是對自然自發性之逆道，可以被拒絕。例如，在開心手術期間，心臟的功能被機器暫時取代，以便外科醫生可以修復生病的心臟。這種嘗試可能看起來是不自然的，但如果心臟最終在修復手術後恢復功能，這種治療是可以接受的。這是一個將不自然變回自然的過程，如果一個人必須無限期地依賴維持生命的機器卻又無法恢復自然呼吸的能力時，那麼這種措施將是不自然的。從人身上移除生命支持系統因為自然能力已經修補完成，那將是合乎倫理的。導致恢復自然能力的非自然措施是可以接受的。但是，如果非自然措施無法恢復身體的自然功能，那麼就不應該推薦或應該放棄這些醫療。

　　從這種道家的理解中，我們可以很容易地發現，複製人或使用代理孕

母，以及使用捐贈的卵子和精子來幫助任何受孕都應加予思考。但是，使女性自己能夠生育嬰兒的治療方法則合呼道家倫理理念。從道家的認知，包括不孕不育在內的所有疾病都是由於陰陽的不和諧以及五行相互作用的混合失衡所引起。恢復道的自然流動的醫學治療則都值得推薦。

在 PVS 患者的情況下，如果患者可以自己呼吸，那他仍然活著，但如果這個人必須依靠生命支持系統來存活，那麼這個生命就不再是自然的了。這個系統的移除，就是讓道成為道的措施。然而，道家會反對積極的安樂死，因為它是一種結束生命的人為方式。消極治療將是道家的選擇，讓自然順其自然。因此，道家支持安寧療護之臨終關懷照顧，反對死亡權利運動。不應以人為之意與違反死亡現象而應接受生命的自然發展。老子死後，他的朋友批評了其他哀悼者的激切哀歎，他說：「是遁天倍情，忘其所受，古者謂之遁天之刑。適來，夫子時也；適去，夫子順也。」[12]意即「這是違背自然規律，增加人的情感，忘記了從自然中得到的東西。師父來了，因為他有機會出生，他去的時候，順其自然。」莊子妻子死了，他說：「她剛死的時候，我忍不住受到了影響。不過很快，我就審視了這件事。一開始，她是沒有生命的，沒有形式，甚至沒有實質。但在萬物循環中她出現了未知的實體，然後她有了生命，然後她的形狀出現了。現在更進一步的變化，她已經死了。整個過程就像四個季節的順序，而她就這樣躺在宇宙的大宅中，如果我哭泣和哀號將表明自己對自然法則一無所知。因此我停止哀悼。」接受它是生命的自然發展。[13]

道家生命倫理學家會對 Karen Quinlan 的父親面臨的困境怎麼表示？1975 年，Karen 在紐澤西州的一次聚會上喝了幻覺藥物和酒精的強效混合物後，21 歲的她陷入了昏迷。在被送往醫院後，她被戴上了呼吸器，然而再也沒有恢復意識。七個月後，她的父親要求拆除 Karen 的生命維持系統，以便她可以有尊嚴地死去，但他的請求被拒絕了。兩年後，紐澤西州

最高法院發布了一項具有里程碑意義的決定，宣布 Karen 擁有憲法規定的死亡權利。然而，她在呼吸器被移除後又活了九年。當 Karen 的呼吸器被取下時，她的父親被問及是否也想把她的餵食管也取下。他說，Karen 有權獲得營養，並希望她的餵食管保持連接。Karen 的父親做出的決定引發了許多激烈的辯論，關於死亡權，食物和水的權利，什麼是平凡和不凡的待遇與醫療⋯⋯等等。道家會支持 Karen 的父親做出的決定。畢竟，透過呼吸器呼吸是不自然的。由於 Karen 能夠自己自然呼吸，她的生命不應該被人為地終止，儘管她仍然處於深度昏迷狀態。

　　Francis Schaeffer 的死提供了另一個例子。Schaeffer 博士是一位基督教護教哲學家，也是卡特政府下衛生部長 C. Everett Koop 博士的密友。他已經得有癌症好幾年了。新的治療使他能有力氣繼續從事寫作直到臨終。但是，當必須做出最終的治療決定時，Schaeffer 已失能再也無法為自己做出決定。他的醫生團隊問他的妻子，是否要接受維生醫療來監護。她回想起丈夫不惜一切代價保護生命和延長死亡之間的區別，回答說：「在過去的日子中，醫學已經做了偉大的事情使他能為生活而戰，給了 Fran 時間來完成大量的工作。現在是他回家的時候了。」***[14] 十天後，Schaeffer 在家裡一間有一扇大窗戶可以俯瞰外面五顏六色的花朵，在他熟悉的東西包圍著之臥室裡，沒有延長生命的醫療下安然去世。這個決定在儒家傳統中是不孝的嗎？也許在某些人的心目中是的。但對道家來說，這絕對不

*** Dr.Norton Spritz, chief of Medical Service at Veteran Affairs Medical Center and professor of medicine, New York University discussed about this issue in his article "Medical Futility: a useful concept?" collected in "Medical Futility" and suggested that some guiding principles are needed when withholding and withdrawing treatments to PVS patient. The Taoist view would be a good guide when facing such dilemma. See Zucker M and Zucker H, Medical Futility, Cambridge University Press, Cambridge,1997: 36-47.

是。當治療不再有任何目的時，道家會樂於順其自然。這就是道家的作風。

結語

在一個孝道被視爲規範的社會中，兒子應該同意撤回對身患絕症的父親之治療，還是應該要求盡可能延長時間地維持父親的生命？在儒家社會中，讓父親無人關照被認爲是不孝道的，更不用說生病時得不到治療了。但道家斷言，人爲加工的便不自然，透過維持生命的裝置，無畏地延長生命或徒勞地治療無法治癒的終末期病人是違反道的流動的。

依靠外在手段的人工生命與自然不和諧。讓 PVS 患者在呼吸器上的生活繼續下去也不自然。如果醫療過程無法恢復一個人健康情況的惡化，並且接受的治療被證明是徒勞的，那麼上述的治療應該不是道的方式。如果用非自然的方法來協助又能使自然的能力恢復，就可被認爲合乎倫理。

參考文獻

1. Lao-tzu : *Tao Te Ching, A New Translation* by Gia Fu Feng and Jane English. Vintage Book, New York, 1972 : 42
2. Fung YL: *A Short History of Chinese Philosophy*, The Free Press, New York, 1948: 97
3. Lao-tzu: Tao Te Ching, ibid: 14
4. Lao-tzu: Tao te Ching, ibid: 47
5. Zhao RJ: An Ideal Medical Model-Integrating Chinese Medical Philosophy and ethics into the Current Healthcare System, paper presented at International Conference on the Unity of the Sciences, Washington DC, 1997: 3

6. Giles HA: Chuang-tzu, Mystic, Moralist and Social Reformer, Kelly and Walsh, revised edition, Shanghai, 1926. Also see Fung YL: ibid; 105

7. O'Donovan O: Begotten or Made, Oxford University Press, Oxford. 1984: 3

8. Wyatt JW: Matters of Life and Death, Intervarsity Press, Leicester, England, 200: 31

9. Wyatt JW, ibid

10. *Chuang-tzu, A New Translation* by Gia Fu Feng and Jane English. Vintage Book, New York, 1974: 77

11. ibid

12. Fung YL, ibid:108

13. Lin XG: Taoism in Sharma A ed, Our Religions, Harper, San Francisco, 1973: 247. Also see Fung YL: 108
　　「是其始死也，我獨何能無概然！察其始而本無生，非徒無生也而本無形，非徒無形而本無氣。雜乎芒芴之間，變而有氣，氣變而有形，形變而有生，今又變而之死，是相春秋冬夏四時行也。人且偃然寢於巨市，而我嗷嗷隨而哭之，自以爲不通乎命，故止也。」

14. Larson EJ and Amundsen DW, A Different Death, Intervarsity Press, Downers Grove, Ill, 1998:175

第九章　Jahr 的生命倫理要求和安樂死

　　臺灣一位著名的傅姓退休記者於 2018 年飛往瑞士註冊了一個醫生協助自殺計畫（有些人稱之爲安樂死），並在那裡去世。此行前，他曾熱切地呼籲臺灣當局將安樂死合法化，但沒有任何結果，因此決定以身作則，證明每個人在患上不治之症時，都有結束自己生命的權利。這一事件在臺灣引起了很多爭論。一家名爲《蘋果日報》（*Apple Daily*）的主要報紙報導了整個事件數週。事件結束後，報紙進行了一整頁的討論，邀請不同的學者和專家從贊成和反對的角度表達他們的觀點。[1] 即使在今天，關於這個問題的辯論仍在繼續。

自主權和安樂死

　　「病人的自主權」一直被認爲是現代醫學倫理學最重要的原則之一。未經患者或其代理人的同意，不得進行任何療程，縱使患者會因此而失去救活機會。在生命醫學或社會行爲研究中，除非研究倫理審查委員會（IRB）批准免取得同意，否則人類受試者的「知情同意」是絕對必要的。從這個對自主重要性的強調，年輕一代提出了一個新的口號，「只要我喜歡，有什麼不可以」來突顯出自主權的不可侵犯性。隨著這種新生活態度的興起，好與壞，對與錯的界限已經模糊，因爲判斷取決於自己的選擇。將這種新的理解應用於安樂死問題，自主決策似乎是合理的，應該被允許，因爲必須尊重個人的意志和願望。

Fritz Jahr 與生命倫理

Fritz Jahr 是第一位談論生命倫理學的學者。他可以被稱為現代生命倫理學之父。前喬治城大學學者 Han-Martin Sass 博士在其研究中發現，Jahr 博士在二戰之前就已經討論了生命倫理學的問題，並提出了一個重要的觀點供所有人反思，即所謂的「生命倫理指令」（bioethical imperative）——「尊重每一個生命，並以此原則看待生命。盡所能加予維護。」[2] 這是這位生命倫理啟蒙者的生命倫理要求。

在 Jahr 的著作中，他反覆陳述生命的珍貴和神聖性，不僅是人類的生命，而且是所有形式的生命。他的觀點類似於印度哲學的教導認為生命是一體的，為此，所有的生命都必須被珍惜。然而，Jahr 認為生命根據其與創造的種類具有不同的功能，人類被賦予管理地球的責任，以便仔細照顧和平等對待包括動物和植物在內的所有生物。他敦促必須保護生命，因為生命的性質在道德上是神聖的，包括自己的生命。[3] 他引用了叔本華的話，"Neminem laede, imo omnes, quantum potes, juva!"——「不要傷害任何人，任何時間盡可能地幫助他人。」Jahr 還說明了摩西的「你不可殺人」的誡律，[4] 並提供了更廣泛的見解，除了避免傷害之外，我們還必須從生命的神聖性和生命顯現的角度尊重和平等地對待所有受造物，因此「你不可殺人」的命令是一個生命倫理的命令，即「尊重每一個生命，原則上以其自身為目的；若有可能，以此待之。」[2]

保護生命的責任

Jahr 進一步討論，每個人都必須遵守保護自己生命的義務。據他說，生命分為三個階段，首先，生命開始於母親體內，那是未出世之前的肉身

之家。這是進入第二個及第三個階段的準備。一旦出生，我們就開始在這個邁向死亡的生命體之道路上。第三階段就像日常裝扮一樣，肉身質變，所住的小屋變成了宮殿，自然的身體得到了靈性而氣質有形態變換了。

他把從第一階段到第二階段的過渡稱為死亡經驗，所以嬰兒在離開母親保護的子宮時會哭泣。用他的話說，「在任何人知道要搬家時，即使只是一間小屋，離開熟悉的住處會有所不捨。」這是一種「離開」胎兒所熟悉受保護之環境的經驗，也是死亡現象，但卻是進入一個活潑生命的新體驗。他稱從第二到第三階段的過程是復活。他的論點是神學和哲學的，但他指出生命的三個階段就是我們所擁有的。既然我們得到了生命體，他呼籲我們必須小心保存它，直到我們被召喚進入第三階段。[5] 在生命的第二階段照顧好自己的身體不要濫用它，「不奪取生命，不縮短生命，不傷害或危及生命，不削弱自己的健康…… 」。[6] 從 Jahr 的觀點來看，生命是值得重視的，因此任何透過人力奪走生命的行為都不道德。

如果我們追溯醫學倫理學的原始傳統，醫學之父希波克拉底在他的誓言中強烈建議──「我會根據自己的能力和判斷來幫助病人，但絕不會以傷害和不法行為為目的。我也會在被要求下毒給任何人時加以拒絕，也不會建議這樣做。同樣，我也不會給女人一顆導致墮胎的藥劑。我會保持對生命的純潔神聖性。」[7]

誰掌握著生命形成的關鍵？

隨著強調個人選擇權、安全權、知情權和說話權的消費主義之興起，[8] 世界已經發生了變化。現代醫學倫理學對自主的強調保護了個人權，但它推波了許多不同的解釋。主張每個人都有權決定自己的生死是有商榷餘地信的。J. Savulescu 在《醫學倫理學期刊》[9] 中對「是否有不出

生的權利？生殖決策和知情權」進行了有趣的討論，他在文中討論了印度的一個案例，一個嬰兒的性別與醫生預測的不同，嬰兒出生時其性別不是父母原先被告知那個他們所期待的理想，父母把醫師告進了法庭起訴了。

生與死的權利與自主無關，因爲我們不能選擇出生與否或性別。自然賦予的生命權在什麼時候呢？一些人認定是在受孕時，而另一些人則將其視爲出生能自行呼吸的時刻。從這個角度來看，我們發現儘管我們在生活中擁有自主權，但擁有生活的權利始終掌握在大自然手中。舉一個簡單的例子，在我們出生之前，我們的父母有沒有問過我們得到我們的同意把我們受孕了又才生下我們？沒有啊！自主選擇在此並不適用。現在可以實行計畫生育，但我們的父母也無法預測會誕生爲他們孩子的是你還是我。換句話說，我們在出生時對自己的生命沒有知情同意的授予。同樣，死亡的時間也掌握在自然或上帝的手中。道家有這樣的名言：「人法天，天法道，道法自然。」20 世紀最重要的中國哲學家馮玉蘭說過：按照老子和莊子的說法，生死相隨是自然的過程，人應該冷靜地遵循自然的過程。[10]

那些堅持自主是不可侵犯的權利的人，比如 John Harris，他說：「自主與選擇權在比較如何生活和爲什麼生活的概念之間，在我們的生活中才能眞正有意義。」生命的價值是我們給予的，[11] 然而，這項權利只是相對的。還有許多生命倫理學者從不同的角度主張維護生命本身的價值，如 Robert Orr、John Wyatt、Andrew Fergusson……等等。[12]

安樂死是當今醫學倫理中一個有爭議的問題。醫學倫理的保護傘是生命的神聖性。沒有這個前提，倫理的討論就毫無意義。除了自主原則之外，支持安樂死的主要論點是，結束不可忍受之痛，不是一個好的行爲嗎？因此，安樂死應該是合理的。

安樂死廣義的說可以有四種不同的形式，即積極的和消極的，主動的和被動的。生命倫理學主要爭議點集中在主動安樂死上，即應用一種人

工手段，不論服用藥物，或用注射，在生命自然死亡之前來終止生命。由於這種方法快速又無痛，因之被稱爲一個好的死亡或憐憫殺戮（mercy killing），以結束所有的苦楚。事實上，這種論點在某種程度上可以被視爲一種有益的行爲，但這些程序並非完全沒有心理鬥爭和身體痛苦。問題不在於我們如何運用一種方法來確保無痛的結局，而在於我們是否有權結束生命？

　　生死權利與自主無關，我們甚至不能像前面所討論的那樣選擇自己的生命，因此，儘管我們在生活中確實擁有自主的權利，但生死攸關的權利仍然掌握在大自然的手中。

生與死的本能

　　Freud 在討論本能時，把它分爲兩類，即要活的本能和要死的本能。本能是那些處理基本生存，快樂和繁殖的潛在能量。死亡本能的概念最初在弗洛依德共同出版的「現代精神分析思想史」裡提及所有生命的目標都邁向死亡。[13] 但要活的本能激發了人們活下去和享受生活的慾望，用最大的努力去活著、尋求快樂……。當人們的身體和精神痛苦超過負荷時，他們有時會尋求解脫來結束他們的痛苦。這是死亡本能。但生命總是比死亡更強大。中國醫學倫理之父孫思邈有一句明確的說法：「人的生命是如此重要和寶貴，價值多過千磅黃金……」[14]《孝經》也說：「身體髮膚，受之父母，不敢毀傷，孝之始也。」[15]

　　對患有晚期癌症的患者或身體疼痛無法再控制的患者實施安樂死不是一件好事嗎？爲了滿足這一需求，許多國家已經規範了新的立法，如《病人自主權利法》，允許患者決定繼續或拒絕治療退出醫療程式，也可送入緩和病房，減輕他們的身體疼痛，並有尊嚴地死亡。該法案已於 2019

年 1 月在臺灣實施並生效。該法案賦予患者決定是否繼續或暫停治療的權利，是患者自主性和尊重個人意願的表現。有些人將這種緩和醫療稱為被動安樂死，因為除了疼痛控制之外，不會再給予任何積極的治療，以便患者可以有尊嚴地度過生命的最後階段。它與主動安樂死的區別在於它尊重自然，不需要人工方法來提早結束生命。

透過疼痛控制以緩解不適之緩和醫療，使患者可以不必忍受過度疼痛來維持生活品質。這份安寧療護包括四個維度，即提供全人、全家、全隊、全程的安寧療護。

已經達到生命末期的病人，會失去生命的意義嗎？不，絕對不是。無論身體狀況或老年年齡多大，一個人都不需要尋求生命的早期結束。想像一個年輕的母親若感染了一種無法治癒的疾病，出於生命的本能，她會想盡方法活下來以便照顧年幼的孩子，這個求生之本能是因為她被需要，所以「為母則強」。

讓今天有意義

Orville Kelly 在 42 歲時患上了一種無法治癒的疾病。他感到心灰意冷和沮喪，但後來他感受就是他難過或快樂，時間一樣照常流逝，他可以憂慮自己的疾病，也可以振作起來。因之他決定用積極的態度面對未來。他發起了「讓今天有意義」（Make Today Count）[16] 運動，只要在一天中做了一些有意義的事，讀一本激勵的書，聽一首美麗的歌，說句鼓勵的話，為另一個人祈禱……那就是有價值的生活。因此，每個人都應該努力使每一天都有意義，勇敢地生活，即使有一些身體上的痛苦，忍受痛苦本身也有其自身的價值，因為從痛苦中每一個人都可能學習新的成長。1993年，加拿大的一位農民不忍心看到他 12 歲有先天性疾病的女兒在癲癇發

作時遭受的痛苦。他決定結束她的生命，把她放在他充滿二氧化碳的車裡阻斷她生下來就一直忍受的痛苦，他將她安樂死了。這一事件在美國和加拿大引起了巨大的爭議。一個患有同樣疾病的孩子聽說了這個故事，給他的父親寫了一封信，說他在癲癇發作時確實遭受了很大的痛苦，但每次他都倖存了下來，並要求他的父親永遠不要使用相同的措施來結束他的痛苦。他說：「人生有很多艱辛，但活著是寶貴的。每一天都是新的一天，新的可能性和新的希望。」[17]

結語

人們有權利用人為的方法來提早終止自己的生命嗎？生命總會在疾病中產生平時預想不到的新感受與意義。要死嗎？今天的醫療可以幫助你。要活嗎？雖然只是幾天或幾月而已，但自自然然順利的走完一生，不是很可貴嗎？Jahr 說：「……每個人的生命都是『神聖的』──包括自己的生命。保護生命是一種責任。破壞和傷害生命是一種罪過。」[18]

參考文獻

1. https:tw.news.appledaily.com/forum/realtime/20180614/1372721/
2. Jahr F: Essays in Bioethics 1924-1948, ed & trans by Irene M.Miller and Hans Martin Sass. Berlin: Lit Verlag, 2013: 28
3. ibid: 78
4. ibid: 77
5. ibid: 107-111
6. ibid: 79
7. Hippocratic Oath
8. President Kennedy issued his Special Message to the Congress on Protecting

the Consumer Interest on March 15, 1962 in which he identified four consumer rights

9. Editorial, *Journal of Medical Ethics* Vol 28, Issue 2, 2002. http://dx.doi.org/10.1136/jme.28.2.65

10. Fung YL: *A Short History of Chinese Philosophy*. New York: The Free Press, 1966: 3

11. Harris J: Euthansia and the Value of Life. In Keown J(ed) Euthansia Examained. Cambridge:Cambridge University Press.1995: 11 (Quoted from Watt J: Matters of Life and Death. Leicester: Inter-Varsity Press 1998: 178

12. ibid: 169ff

13. Mitchell S. and Black. M. *Freud and Beyond: A History of Modern Psychoanalytic Thought* (Updated Edition). New York: Basic Books/Hachette Books; ISBN-13: 978-0465098811. 2016

14. Tai MCT: *Medical Ethics and Humanities*. Taipei: Gau-lih,2006: 144

15. Xiao Jing(Book of Filial Piety), The Scope and Meaning of Its Treatise. Trans by James Leggs.
https://ctext.org/xiao-jing/scope-and-meaning of the treaties

16. 戴正德：《超越死亡》。台北：全感圖書公司，民國104。五刷：17

17. Tai MCT: *The Medical Ethics of Life and Death*. Taipei: Health World Press, 2014: 239

18. Op.cit. Jahr 2013: 78

第三篇　醫學研究倫理

第十章 避免生物醫學研究中的利益衝突和偏見之實踐

研究是發現新知識和加深理解不可或缺的途徑。現代醫療技術使我們能夠治療許多過去被認爲無法治癒的疾病,這是研究人員辛勤工作的結果。研究給我們帶來了許多好處,例如深化知識、帶來新發現、促進專業進步、增強個人成就感和滿意度⋯⋯等。這些好處通常被認爲可以催化和激勵科學家從事並深入研究。但是,當研究人員與提供基金者有任何個人或財務關係時,可能會發生利益衝突,影響研究人員在研究期間務必秉持及遵行的客觀立場。當這種情況出現時,研究在科學上會有偏見,在道德上存在缺陷,破壞了研究的完整性和客觀性。美國國家生命倫理諮詢委員會(NBAC)在審查保護研究完整性的制度時指出,如果在研究過程中出現任何妥協或預設立場,那麼就會違反誠信原則,在利害關係上有所偏袒,結果「必然會出現利益衝突」。[1]儘管如此,NBAC 表示,這個陷阱既不是不可調和的,也不是在暗示研究人員的缺陷。NBAC 的發現提醒我們,研究人員必須盡力避免任何偏見,關閉利益衝突的門窗。

偏見和利益衝突的定義

在進一步的討論之前,我們必須首先定義什麼是偏見和利益衝突,因爲這些概念可以是一般性的、隱藏的和模糊的。

一、偏見

　　偏見是對事情只有片面的了解或缺乏中立的觀點，也是沒有開放的心態。偏見是一種偏袒，適意協助或壓制另外任何一方，不論是人，群體與事物的內容與傾向，它可以有多種形式，不僅在準備上，選取研究資料上，還有在實驗過程中的判斷，分析及總結上都會發生。在科學的判斷上只要前提的假設偏差，數據不全，結論必然不正確也即無效。研究人員可能傾向於以某種方式搜索和解釋、並以偏好記錄資訊，來確認他／她預設的信念與假設得到有利的結果，同時對持相反的資訊給予不相稱的關注。這種傾向可在模稜兩可的數據中來取捨，以便強化研究中的特有立場。[2]

　　這些偏見可以透過偏袒、賄賂（資金來源）、遊說、監管……等方面發生。[2] 關於監管問題，可故意排除不同傾向或學派的人來參與。當機構只任命在其周圍及相同觀點的人來從事監管時，就不會正直客觀。

　　沒有資金，任何研究都不可能進行。當一個組織或公司捐助研究基金時，如果研究主題是該基金會所關注的重點就會給研究人員面臨一個挑戰，要誠實忠於科學或多少屈服一點來滿足出資者的期待，從而失去客觀和中立。這被稱為資金偏差。另一種形式的偏見被稱為遊說偏見，即行政人員，立法者或有影響力的個人試圖影響結果。賄賂是給予金錢、物品或其他形式的補償，以影響接受資助者的行為。[2] 遊說則可以用權力或條件……等方法來影響研究結果。

　　賄賂可以包括金錢（含小費）、商品、行動權利、財產、特權、薪酬、禮物、津貼、油水、回報、折扣、情資交易、回扣、資金、捐贈、活動捐款、贊助、股票期權、祕密佣金或促銷……等等。遊說可能來自任何機構或組織的管理人員，立法者或個人試圖影響研究結果。這些只是偏見可能存在的幾個例子。

二、利益衝突

　　利益衝突是指財務或其他個人考慮因素有可能損害或偏向專業判斷和客觀性的情況。如果一個人或協會有交叉的利益，無論是經濟利益還是個人利益，它都可能影響研究人員的決定、工作，設計及進程。[3] 利益衝突必須避免，因為它可導致特定研究的完全顛倒，降低人們對研究的信任和信心而損害整個研究企業。有許多種類的利益衝突會出現在不同的環境中且跨越所有學科，有形的也有無形的。經濟利益是有形衝突的一個例子，而無形的是一個難以記錄的微妙運用。因此，所有研究者都必須披露所有潛在的利益衝突，包括特定的經濟利益，從屬關係和連繫。[3]

　　Robert Amdur 及 Elizabeth Bankert 在他們的書《機構審查委員會》（*Institutional Review Board Member Handbook*）中將利益衝突視為一個主要利益與次要利益的組合，主要利益指的是對研究主題忠實性與受試者福利的判斷，次要利益為研究者個人的獲利。利益衝突的證據往往很難被發現，因為它不一定有明顯的證據，它不一定是有察覺出的實際行動，而是以一種預設的走向來完成。讓設計產生偏差結果的動機本身就是一種利益衝突。P. J. Friedman 解釋說：「無論決策是否受到個人利益的影響，只要存在潛在的衝突，就是利益衝突。」[4] 因此，「利益衝突是一系列情況，它會產生對科學正確性的風險，而主要利益的判斷或行動將受到次要利益的不當影響。」[5]

　　研究經費是利益衝突的主要來源之一。儘管研究人員已經披露了資助機構，但當研究對資助者有一些潛在好處時，研究人員通常不能保持中立和客觀，例如對製藥或食品生產公司所做與他們的產品有關的試驗，或由菸草公司提供資金做一個與環境有關之空氣品質或煙霧的研究，研究設計可能藏有偏見，而不能客觀對所得資料從事分析。[6] 製糖業公司也可使

用類似的策略來影響對兒童牙齒健康的研究。[7] 有些人可能堅持認爲，資金只會造成潛在的偏見或衝突，但實際上，利益衝突往往是因爲經濟利益而發生的。《新英格蘭醫學雜誌》（*New England Journal of Medicine*）前主編 Marcia Angell 說提供資金只會造成潛在的利益衝突，但偏見卻因而產生。私人公司資助研究就會有這種潛在衝突的情況。因之任何資助研究資金的機構應與研究內容無關，或交由公正的組織，如政府，來徵求計畫並發放。正如 Angell 所說：「任何會導致研究人員偏向某種結果的資助都可能構成利益衝突。」[8] 利益衝突的另一個例子是關於實驗中某種藥物的劑量之測試，例如，在評估療效時將高劑量的藥物與另一種藥物的低劑量進行比較。療效可能相同，但高劑量較貴，如出資者爲高劑量的公司，研究的結論可能會以某種方式呈現出高劑量看起來比實際情況更有療效與確定。

研究的良好實踐

學術專業人士是我們社會中最值得信賴的人之一。人們尊重他們，因爲他們尋求和捍衛眞理。爲了維護這種信任，學者們必須進行良好的研究，沒有利益衝突、偏見、捏造、僞造和剽竊。我們可以做些什麼事來確保學者在研究上不會妥協呢？此處提供了幾個步驟以供考慮。

一、提高研究人員的倫理意識

倫理意識是良好研究的驅動力。爲了提高這種意識，必須要求所有研究人員參加研究倫理課程。2005 年，《自然》雜誌上報導的一項研究，[9] 發現 28% 的早期專業科學家（其中大多數是博士後）匿名報告至少犯過一次可疑的研究偏差行爲。爲什麼會這樣？報告指出，缺乏培訓是關鍵原

因之一。參與生醫倫理的討論將提醒研究人員遵循研究的規則。在臺灣每位研究人員必須至少獲得 36 小時的繼續教育學分，才有資格向任何 IRB 提交提案進行審查。這種教育要求的目的是保持研究人員對倫理完整性的認識，這在研究中不能被忽視。

　　研究機構必須爲建立誠信的研究提供研習與指導。在強調原則中，理性、客觀、正直、誠實、責任、共事、公平、公開是最重要的保證。倫敦大學根據諾蘭公共生活委員會（Noland Committee on Public Life）[10] 建議的原則，將卓越、誠實、正直、合作、問責制、獲得必要的培訓，和專業研究技能之證明，是研究人員在進行研究時必備的七項基本條件。這些價值觀要求研究人員牢記，做研究不僅是爲了個人成就，也是爲了世界的共同利益，造福整個社會，因此他們必須盡職盡責。Steneck 認爲，一個好公民自然會將這些價值觀應用到一個人的職業生涯中。換句話說，一個好的科學家會自然而然遵守這些價值。在研究中，當不當行爲或違反道德原則，偏離研究方案，忽視對人類受試者的保護的事情發生時應隨時提出報告。研究者必須被提醒倫理完整性在研究中的重要性，並且要求參加倫理研討會。這種要求是要增強研究人員心目中對研究倫理意識的深化。Steneck 將這些價值觀濃縮爲四個研究原則。[11]

　　誠實性──確實傳達資訊，信守承諾

　　準確性──精確報告結果並避免錯誤

　　效率性──明智利用資源並避免浪費

　　客觀性──讓事實說話，避免不適當的偏見

　　臺灣在倫理繼續教育中經常討論的主題有研究倫理的歷史、赫爾辛基宣言、貝爾蒙（Belmont Report）報告、知情同意、如何寫計畫書……等。其實我們還必須討論利益衝突和偏見，研究專業倫理……等的話題，以提醒研究人員，誠實、客觀和值得信賴的研究不容忽視，也必須始終宣導防

止任何不誠實、故意扭曲，提出不準確之報告、浪費資金或允許個人偏
見，排除會影響研究正當性的人在團隊占上一角。遵守研究倫理原則的培
訓是我們必須採取的第一步。

當然，教育是一回事，實際遵循研究原則又是另一回事。遵循規則的
自我動機之決心取決於研究人員自己。IRB 或大學或醫院及研究機構應透
過舉辦研習（Ethics Seminar）發揮一些作用，時刻提醒研究人員誠信在研
究中的重要性。

二、提出一個清晰而詳細的研究計畫方案，並相應地遵循它

「陽光被譽為是最好的消毒劑。」將此名言應用於研究，就是要有一
個清晰而詳細的計畫書，清楚地披露目的、方法、研究對象、計畫中的程
序、參與研究的人、對人類受試者的保護、撤回權、補償和有關知情同意
的資訊、可能的利益、資金來源和任何可能的利益衝突、從研究結果中獲
得的任何利益的分配……還有一個常被忽略的是研究者的資格問題，比方
說，一個社會學家能做醫學研究否？當然不行，那麼一個精神病專科醫生
能作心臟醫藥之臨床研究否？當 Covid-19 在臺灣流行大家都很關注時，
常在媒體上看到有位精神科醫生發表意見，他當然有權敘述他的看法，但
如做研究則有必要思考其專業訓練的資格問題了。

研究計畫書不僅供 IRB 審查，一旦獲得批准，研究人員必須誠實地
遵循它。過程中的任何改變都必須提交給 IRB 進一步考慮同意後才能修
訂。這種開放性是為了確保研究將以負責任的方式進行，以造福人類社
會，實現共同利益。

利益衝突和偏見發生的主要倫理問題之一是研究經費問題和與出資者
的關係。這並不意味著我們不能接受經濟資助來做研究，而是任何研究人
員都必須披露資金來源，及與之的關係，有無隱性恩惠並客觀地從事分析

工作及任何與研究過程相關的事。

三、誠實地進行研究，客觀地分析實驗數據

了解研究中的倫理原則是一回事，客觀認眞地解讀，分析和統計實驗數據又是另一回事。倫理教育只能提醒研究人員在研究中遵循倫理規則，但在蒐集所有實驗數據並開始分析之後，偏見就會發生。例如，在測試新藥的有效性時，一些證據可能不夠明確，無法算作陽性或陰性。研究人員可以很容易地遵循自己的偏見意見，將證據分類爲積極或消極的表達，從而改變最終評估，有利於研究資助者或反對先前之理念來改變認知。

作爲一名科學家和一個好公民，在所有實驗計算中都必須強調客觀和誠實的分析。認眞及誠信的態度不容妥協。

四、IRB 的作用

要求研究人員制定一個詳細而清晰的計畫書，並客觀且誠實地遵循它，且得 IRB 的確認。爲了防止利益衝突和偏見必須從兩個方面進行，一個是依靠研究人員的自我激勵，決心進行無偏見和無利益衝突的研究。另外，IRB 必須發揮外部監督的作用，以確保研究用誠實和客觀的方式進行。IRB 通常比較關注知情同意的過程，以保護參與的受試者。IRB 還必須注意任何可能的偏見和利益衝突，同時審查計畫書並實地考察進行比對……等。IRB 不得批准具有潛在偏倚研究的研究。IRB 有幾種選擇來管理研究者在研究過程中出現的問題，例如要求研究者定期向 IRB 報告實驗進度，中止或終止研究，禁止任何有利益衝突的人過問研究，知情同意過程，評估納入標準，程式和整體數據分析。換句話說，必須強制執行 IRB 的功能，以保護任何偏見或衝突利益不致發生。

五、為個人研究人員和附屬機構制定清單

這份清單的目的是提醒研究人員遵循社會賦予給他們的信任。這份檢查清單提醒我們不要偏離預期的倫理行為過程。該清單不僅只適用於研究人員本身，IRB 也可以在審查方案時要求過目，蓋章並收存副本。

1. 對於研究人員

每個研究人員也都應該建立一個清單，以確保避免任何潛在的利益衝突或偏見或報告給 IRB。該清單將包括知情同意的過程、任何資金來源的披露、研究補助金的分配和支出以及協同研究者所扮演的角色……等。該清單將有助於研究的良好實踐，盡可能避免任何偏見和利益衝突。清單可以包括：

(1) 我是否在工作中自始至終都是誠實和客觀的，沒有任何可能的偏差？

(2) 是否披露了所有資金來源？

(3) 是否報告了研究人員與資金來源的關聯和關係？

(4) 是否有任何隱藏的安排可能會妨礙誠實客觀的研究？

(5) 一旦發現利益衝突的潛力，是否有什麼辦法可以管理它？

(6) 對實驗參與者的種族、社會、經濟地位是否有任何偏見？

(7) 在同意及問卷過程中，是否有任何會誤導參與者傾向某些方向之說帖？

(8) 論文發表時，被列為合著者的人在研究中扮演什麼角色？

(9) 當專利或任何商業價值被預期時，程序將如何分配？

(10) 我是否在機構有足以影響我的方案審查過程結果的領導地位？

2. 對於相關之研究機構或 IRB

為了避免任何偏見或利益衝突，研究機構必須發揮自己的作用並分擔

一些責任。以下是研究所應考慮的清單：

(1) 機構內部是否有利益衝突的定義與審查小組？

(2) 當 PI 的計畫書已獲得批准時是否有任何政策來處理往後之利益衝突？

(3) 當檢測到潛在的利益衝突或偏見時，您該怎麼辦？

(4) 是否有一個限制研究者同時進行的研究項目數量之政策，例如，PI 同時進行的研究項目不得超過 6 個，因為太多同時進行的數量會降低研究品質並增加利益衝突或偏見的機會？

(5) 在審查任何研究機構之領導階層所提出的計畫時，IRB 是否過於寬鬆或過於挑剔？

(6) 是否有任何壓力來保護機構的聲譽威望？

(7) 是否有任何壓力要求加快審查進程或迅速進行審查，以致可能忽視重要問題？

(8) 對於未報告經濟利益和任何可能的利益衝突的個人，是否有任何制裁措施？

(9) 當財務披露確定潛在的利益衝突時，大多數此類案件都是根據具體情況處理的。是否已制訂政策及處理這些案件的方法？

(10) 當在研究者的計畫執行期間發現利益衝突時，IRB 是否要求知會研究參與者告知他們研究者擁有某些經濟利益？

結語

　　科學研究中的利益衝突和偏見偶爾會發生。雖然有些可能是有意的，其他主要是由於缺乏培訓和知識。在醫學教育中有三大領域，則醫學人文、基礎生物醫學和臨床技能等強調。研究倫理的教學在哪裡最適合？雖然醫學倫理已成為臺灣所有醫學院的必修科目，但研究倫理的課程往往缺

失，更不用說教導如何做研究了。我們不能忽視教導的重要性，強化避免
利益衝突和偏見的認知，以推動醫學研究，正確發現問題及解決方法，深
化了解，使科學向前發展，造福全人類社會。

參考文獻

1. Amdure R, Bankert EA: *Institutional Review Board Handbook*. National
    Bioethics Advisory Commission. Jones and Bartlet Publishers. Sudbury M.A.
    2011: 95
2. Krimsky S: *Do Finanical Conflcit of Interest Bias Research*? An Inquiry into
    the "funding Effect" Hyposis. In science ,Technology and Human Values.
    (2012)38: 566-597
    http://en.wikipedia.org/org/wiki/bias
3. Flanngin A, Fontanarosa B, DeAngelis C: Update on JAMA's Conflict of
    Interest Policy. JAMA, 2006; 296(2): 220-221
4. Op.cit Amdure R, Bankert EA: 93
5. Friedman PJ: The Troublesome Semantics of Conflict of Interest in *Ethics
    and Behavior*: 2(4), 1992: 245-251
6. Barnes DE, Bero LA: Industry-funded research and Conflict of interest: an
    analysis of research sponsored by the tabacco industry through the center of
    indoor air research in J Health Politics Policy Law. 1996: 21(3): 515-542
7. Kearns CE, Glant SA, Schmidt LA: sugar industry influence on the scientific
    agenda of the national Institute of Dental Research: 1971 National Caries
    Program: a historical Analysis of internal documents PLOs Med, 2015:
    12(3): e 1001798
8. Angell M; 2000 Plenary; Reaction to Conference Proceeding. Panel
    presented at conference on human subject protection and financial conflict of
    interest. https://www.hhs.hov/ohrp/coi/8-16.htm#Angell
    Also see op.cit Amdur R, Bankkert: 98-102

9. Marison BC, Anderson R; *Scientists Behaving Badly in Nature*, 435: 2005
    http://www.hhs.gov/ohrp/coi/8-16.htm#Angell
    Also see Steneck N: National postdoctor association responsible conduct of
    research toolkit: 1

10. Website of City University of London Re; Principles of Good Research.
    https://www.city-ac.uk/reseacrh/about-our-research/Framwork-for-
    good-pratice-in-reseacrh/principles-of-good-research practice. (that are
    selflessness, integrity, objectivity, accountability, openness, honesty and
    leadership)

11. Steneck NH: Introduction to the Responsible Conduct of Research Part I.
    Washington DC US Government Printing. Aug 2007: 2-3

第十一章　兒童在人體試驗或醫療決策中擁有自主權嗎？

　　兒童可以自己決定是否接受醫療保健或參與臨床試驗嗎？人們普遍認為，兒童不太清楚什麼對他們有好處，因為他們不夠成熟，因此他們的父母或監護人為他們的醫療保健或參與臨床試驗做決定行使需要的同意權。

　　然而，教育心理學家建議我們應該讓孩子儘早發展自己的決策能力，來幫助他們的成熟發展，並在他們成長的過程中成為負責任的公民。「現代的兒童已越來越獨立了。隨著孩子們的成長和發展，他們變得更有能力為自己做事，表達自己並獨立探索自己的世界。」這是一個美國東密西根大學教育學的教授 Sue Grossman 博士說的。[1]

　　在現代醫學倫理中，自主權一直被認為是我們在任何人類醫療程序中必須尊重的四項原則之一。如果這一原則是普遍有效的，那麼只要兒童理解過程和影響，就應該允許他們做出與他們的健康有關的決定。傳統家庭中「父親知道得最多」的思維已受到質疑，因為現代兒童的成熟速度比我們通常認識到的要快得多。最近，國際法和不同的準則都注意到了這一現實，並強調尊重兒童在醫療和參與研究方面更早作主的重要。例如，美國兒科學會（AAP）支持所有兒童對與他們有關之維持生命的醫療，給予個人化的思考決策，無論他們的年齡大小。[2] 澳大利亞維多利亞州的新法律要求醫生遵重 2018 年 3 月以來兒童所撰寫的醫療預先指示（Advance Directives）。[3]《聯合國兒童權利公約》第 12 條規定，「應給與兒童機會來發表他們對任何直接影響他們的司法或行政程式的意見。」[4]

鼓勵兒童自主

Sue Grossman 描述說，一個有互動和遊戲，允許孩子們選擇的課堂，具有以下積極結果：控制感、建立自尊、認知發展、道德發展、承擔責任、減少衝突、學習最大化⋯⋯等。如果我們鼓勵兒童選擇和決定日常活動以利於他們的生活發展，我們為什麼要否定和剝奪他們在與醫療保健有關的問題上，為自己表達意見的權利呢？

Grossman 教授在她的評論中總結道：「無論成年人是否願意給予機會，睿智的老師明白，孩子們其實整天都在做出選擇。他們選擇服從、無視或藐視規則和方向，並自行決定要友善或憤怒的與他人說話。他們自己清楚他們的學校或托兒所是否是一個好地方。我們的任務是為兒童提供適當、健康的選擇，並幫助他們做出和接受自己的決定。透過這種方式，我們在培養孩子們的自信與獨立，他們也會感到自己可以控制自己。」[5]

在澳大利亞政府教育、就業和工作場所關係部（DEEWR）（2009）的網頁上指出，兒童正在發展他們逐漸形成的自主性、相互依賴性、復原力，敏感度、責任感和信心。為了讓兒童獲得這些成果，我們需要為他們提供發展和探索世界、提出問題和表達想法的機會。[6]

1. 世界如何看待未成年人的自主決策？

獨立性有助於自尊、認同和幸福感的發展。為自己做點事會產生強烈的成就感。世界確實在朝著兒童自主權的方向發展，例如，在荷蘭，16歲以下的兒童可以獨立接受治療，12 歲以上的兒童可以在研究試驗中決定是否參與而完成知情同意的過程。[7]

在美國，徵求兒童同意（assent）的最低年齡為 7 歲，雖然還未達法定同意年齡。[8] 在臺灣，7 歲以上的兒童如果被徵詢是否要參加臨床試

驗，則研究計畫同意書需要用他們在幼稚園學習的拼音／注音系統編寫，來讓他們明瞭內容。除監護人外，他們還可共同簽署同意書。

2. 科學研究對兒童決策能力的看法

如神經科學、發展心理學和生命倫理學研究的最新發現認為，現代兒童的發展速度比前幾個世紀更快，因此他們的成熟度和決策能力不能使用過時的標準來判斷。Weithorn 和 Campbell 在他們的研究中發現，「9 歲的孩子有能力做出明智的選擇。」[9]Mann 及 Harmoni 在研究中得出結論，14 歲或 15 歲的兒童與成年人一樣有能力。[10]Hein 及 Troost 確認 11.2 歲以上的兒童可能有能力從事臨床研究的知情同意。[11]

Hein, Wiegers 與 Broek 等學者發表的了一篇關於兒童和青少年神經科學發展的文章中有一個有趣的觀察：4 歲兒童的智力已達某種程度並持續發展。記憶，即回憶的能力在 6 歲時就已經具備了。[12] 我個人的經驗告訴我，我記得並能回憶起的最早事件發生在我 4 歲到 5 歲之間的事，且直到今天仍然記得。這個個人經歷表明，回憶的能力實際上比上列的論文所說的還要早一些。這些學者的論點是推理能力發展於 8 歲。抽象思維始於 6 歲。讓我引用 Hein 等人的圖表 [12]：

Development of decision-making capacity

	Age	0	1	2	3	4	5	6	7	8	9	10	11	12	13	14	15	Adolescence
(1) Language																		
(2) intelligence																		
(2) Amention-AJerting																		
(2) Amention-Orienting																		
(2) Amention-Executive control																		
(2) Memory-Recall																		
(3) Reasoning																		
(3) Weighing risks & benefits																		
(4) Abstract thinking																		
(4) Mentallzing																		

該圖表表明，兒童的智力從 3 歲就進展，不論語言，專注力，記憶，推理，評估冒險與利益，抽象思考及心智都從 5 歲或 6 歲就開始發展，他們的理解和能力與日俱增，並一直持續到青春期及以後。

3. 有什麼跡象可表明某個年齡的孩子有足夠的能力？

在臨床醫療中，便沒有一個明確的切入點認可在某個年齡的孩子有能力做出決定。Appelbaum P. S. 及 Grisso T. 認為要作與關醫療之決策需要有一定程度的能力，並列出了四個標準：表達選擇、理解、推理和欣賞／觀察。[13]

(1) 表達選擇：這是指表達選擇的能力。這意味著可以表達治療偏好或參與研究。這個能力所需的認知技能是能夠溝通。從 5 歲開始，兒童對語言就會有合理的了解，並一直持續發展到 9 歲和整個青春期。

(2) 理解：這是關於對所提議的醫療或研究有關的資訊能理解也作出選擇的能力。定向和注意力的成熟度在 7-10 歲左右發展，然後在青春期略微新增。與成人比較，10-12 歲的兒童應已具有相似的回憶能力。

(3) 推理：指對所提出的治療或研究方案的風險、益處和可能後果的理解能力。這比事實的理解又向前推進了一步。6 到 8 歲的孩子已經表現出邏輯推理能力。風險識別在 6 至 10 歲之間迅速發展。

(4) 欣賞／觀察：對一個情境的理解意味著這個人不僅會理解各種選擇，而且會理解這些選擇與個人情況的相關性。從 3 歲到 4 歲，孩子們已經開始認識到自己的信念和願望，這些信念和願望有助於個人規範和價值觀的發展。

這些標準可能給人的印象是，兒童實際上仍處於發育階段，不足以獲得完全發展的能力，但學者發現，儘管這些能力繼續發展，但兒童實際上已經在早期就已經獲有了這些繼續發展中的能力。

一個提醒和一個案例做參考

一、Elsa 的故事

　　我們必須牢記一件事，無論成人和兒童，人類有這樣一種傾向，即我們可能在某種情況下表現出足夠的決策能力，但卻在另一種情況下猶豫不前缺乏足夠的能力去做決定。在小孩時被確認是講理的談話夥伴，但可能會在青春期暫時變得不順從。Wiegers 和 Hein 分享了一個關於 Elsa 的故事。[14]

　　Elsa 是一名 16 歲的青少年，在 4 歲時被診斷出患有 A 型糖尿病。診斷後的第一年，她的父母做了所有的糖尿病護理。Elsa 佩戴的胰島素泵有一個安全鎖，以防止意外使用。Elsa 能夠表達她的感受，當她 7 歲時，她能夠測量她的血糖。8 歲時，她可以指示胰島素泵給予進餐時所需的胰島素劑量。10 歲時，Elsa 對如何調整她的胰島素泵設置表現出深刻的洞察力。她的資訊靈通，經驗豐富，可以照顧自己。然後她在 12 歲時上了中學，事情開始改變。她沒有告訴她的朋友她是糖尿病患者，甚至試圖在學校否認她的病情，並經常摘下胰島素泵，特別是在上體育課時。她是一個非常友善的人，後來也表現出悔意和改善的承諾。但 14 歲時，由於糖尿病嚴重失調，她不得不入住 ICU 急診病房。16 歲時，在大量飲酒後又發生了同樣的事情……。[14]

二、我們可以從這個案例中學到什麼？

　　這個案例告訴我們，小孩的需求和慾望從很小的時候就開始成長，他們的智力也隨之發展，我們很輕易的發現他們從小就表現出他們對事的喜好與厭惡會做出選擇。從 10 歲或 12 歲開始兒童可以像成年人一樣自主，這取決於他們的智力發展。然而，處境情況可能會對他們（以及任何成年

人）產生影響，就像 Elsa 開始上中學時發生的事情一樣，有同儕壓力，自我形象，社交和情感歸屬感的需求……兒童的個體自主會因人而有所不同。但是，當情況發生變化時，他們和成年人一樣，都需要支持和諮詢。這證明，需要根據實際的情況給予兒童行使自我自主權。

Elsa 的故事提醒我們，包括成年人在內的每個人，都有自己的脆弱和生活中的不同需求與弱點，但兒童的自主權仍然應該根據他們的心理、情感和社會發展來尋求和尊重。必要時，無論兒童還是成人，都必須提供諮詢。

遊戲──用於確定孩子是否達到自主做出決定的能力

這裡有一個遊戲式的四個試驗來幫助評估，這四個標準如上所述含表達選擇、理解、推理、欣賞之能力。這個試驗是這樣的：對每個決策能力標準提出問題並進行評估。每個標準從評估中獲得 25 分。80 分以上的孩子被認為是有能力的，60 分是有條件的 / 通過，低於 60 分表示需要家長代理 / 指導。

範例問題：（每個標準可以有 5 個問題，每個問題值 5 分。如果答案是快速和確定的，則給出 5 分，猶豫給 3 分，尋求家長的指導給 1 分。）

1. 表達一個選擇：你喜歡打針還是吃藥？如果打針，藥物會立即起作用，但你會感到輕微的刺痛。如果你能吞下藥物，就不會感到疼痛，這對你也有幫助。你喜歡什麼？

2. 理解：你要服用的藥物味道苦澀，你會服用還是不服用，為什麼？另一個範例問題是這樣的：當暴風雨席捲時，你會去外面玩嗎？為什麼？

3. 推理：如果你在紅燈亮起時穿過街道，你可能會被急駛過的汽車撞倒。你很匆忙，但紅燈剛剛亮起，你會穿過嗎，為什麼？

4. 欣賞／觀察：你需要向你父親求助，但他剛剛和媽媽吵架了，非常沮喪，你會怎麼做？

結語

尊重自主是醫學倫理學最重要的原則之一。我們是否要將這項權利授予法律承認的成年年齡以下的兒童呢？如果不是，則此權利並非普遍有效的。人們會爭辯說，通常我們使用最佳利益標準來做與孩子有關的決策，因為他們被認為缺乏辨別能力。但是，隨著孩子年齡的增長，獲得認知技能，體驗情感的成熟，他們的個人觀點值得我們關注，即使他們仍然被視為兒童，因為他們未達到法定的成年年齡。

在涉及兒童的人體研究實驗中，父母被要求代理同意，但越來越多的國家將給兒童在實驗被批准進行之前，表達他們的同意並共同簽署同意書。

為了創造和諧的生命倫理學，兒童應被鼓勵參與了解，並在醫療或實驗中聽取他們的意見。

「我們的自我教育……已經取得了相當大的進展，但我們必須走得更遠，以便我們行動的指導規則可以符合生命倫理學的要求：尊重每一個生命，並在原則上視其為目的；盡可能以此待之。」[15]

參考文獻

1. http://www.earlychildhoodnews.com/earlychildhood/article_view.aspx?ArticleID=607

2. American Academy of Pediatric. Committee on Bioethics, Guidelines on forgoing life-sustaining medical treatment. Pediatrics: 1994: 106(5): 1151-

1153

3. Bioethics Today, Nov 16, 2017 posted by Cassandra Rivais, JD,MS on Enhancing pediatric decision-making: Australian Law allows children to complete advanced directives. www.amc.edu

4. Unicef:Convention on the Rights of the Child. United Nations. Treaty Series 1577.3 1989

5. Grossmans. Childhood News, 2008. http://www.earlychildhoodnews.com/earlychildhood/article_view.aspx?ArticleID=607

6. Australian Government Department of Education, Employment and Workplace Relations (DEEWR)(2009). Belonging, Being & Becoming: The Early Years Learning Framework for Australia. DEEWR: Canberra. ACECQA(2011). Guide to the National Quality Standard. ACECQA: Canberra

7. http://bmcmedethics.biomedcentral.com

8. National Institute of Health: children's assent to clinical trial participation 2005. http://www.canceer.gov/about-cancer/treatment/clinical-trials/patient-safety/childrens-assent

9. Weithron LA, Campbell SB: The Competence of children and adolescents to make informed treatment decision. Child Dev. 1982; 53: 1587-1598

10. Mann L, Harmoni R, Power C. Adolescent decision-making: the development of competence. J. Adolesc. 1989; 12: 265-278

11. Hein IM, Troost PW, Lindeboom R. Accuracy of the MacArthur Competence Assessment Tool for measuring children's competence to consent to clinical research. JAMA Pediatr. 2014; 129168: 1147-1153

12. https://www.ncbi.nlm.nih.gov/pmc/articles/PMC5422908/ Petronelta Grootens-Wiegers, Hein IM, van den Broek JM and de Vires MC. Medical Decision-making in children and adolescents: developmental and neuroscientific aspects; BMC Pediatr.2017; 7: 120

13. Appelbaum PS, Grisso T. *The MacArthur Competence Assessment Tool for Clinical Research* (MacCAT-CR) Sarasota: Professional Resource Press;

2001

14. Petronelta Grootens-Wiegers, Hein IM, van den Broek JM and de Vires MC. Medical Decision-making in children and adolescents: developmental and neuroscientific aspects; BMC Pediatr.2017; 7:120. https://bmcpediatr. biomedcentral.com/articles/10.1186/s12887-017-0869-x

15. Jahr F: Essays in Bioethics 1924-1948 English Language Edition. Tran by Miller IM, Sass HM. Lit Verlag, Zurich 2013: 28

第十二章 由COVID-19所衍生的醫療正義問題——優先治療年輕易康復者，是否已成爲常態？

　　21世紀醫學科技的發展使醫學科學家能夠剖析人們所患疾病的奧祕。但2020年初開始的新冠肺炎新型疾病卻一直在迅速傳播，沒有緩解的跡象，短短幾個月截至同年的8月底，已在全球造成近百萬人死亡。面對洶湧而至的病人，醫護專業人員日夜工作，有時爲了挽救病人的生命卻陷入進退兩難的境地，因爲需要挽救病人生命的呼吸器一直供不應求。臨床醫生面臨著一個嚴峻的生命倫理困境，最終一些醫護專業人員在適者生存的信念上，將呼吸機從老年患者身上轉移到年輕的病人，以挽救更多的生命。挽救生命所需的呼吸機的嚴重短缺及如何分配醫療資源帶來了兩難問題。

　　當患者無法正常呼吸時，呼吸機可以使氧氣進入肺部幫助呼吸，以防止死亡的發生，從而爲患者爭取時間來醫治。2020年初開始襲捲全球的新冠肺炎大流行時發現，人類對迎接挑戰的準備不足，因爲治療患者所需的呼吸機已經耗盡。不僅呼吸機供應不足，預防感染的口罩也極其缺乏。結果，一些老年患者被拒絕使用這種最後的救命工具，因爲年輕患者可能有更好的康復機會，因此老年人被拒絕使用。新聞報導說：「根據醫療保健專業人士道出一個令人震驚的目擊者報告，義大利的醫院不再爲60歲以上的患者插管，面對持續的冠狀病毒大流行，一些醫生被迫做出關於誰生誰死的痛苦決定。」[1]

正義，一種宣導對待所有人公平的醫學倫理原則

正義是醫學倫理學的主要原則之一，它「要求我們平等對待每個患者，並爲每個有相同問題的人提供同等的治療」。[2] 美國著名的醫學倫理學者羅伯特‧維奇（Robert Veatch）說：「處於類似情況的人應該得到平等對待。」[3]《醫學倫理學原理》的作者 Beauchamp 和 Childress 寫道：「儘管一個人與其他人間存在著很多不同，但任何人都不應該受到不平等的對待。」[4] 在醫學院的教學中，學生被教導平等對待每個病人。換句話說，病人的性別、膚色、信仰、社會地位都不應該影響病人如何被照顧。患者就是患者，年齡、性別、膚色應無差異……無論發生什麼，他或她都需要得到最好的護理和治療。醫學鼻祖希波克拉底的誓言，即要求每個醫學生在開始臨床培訓之前都要保證不會違反他們作爲治療者所負的責任，並發誓將遵守在臨床實踐中絕不傷害、善益仁慈、尊重自主和維護正義的莊嚴誓言。美國肯尼迪倫理研究所歐洲倫理學部前主任 Hans-M Sass 這樣說：「一個偉大的醫生必須將專業知識與倫理學、專業知識與人類同情心相結合……他不應該在他的病人之中有所差別，而必須公平公正地對待每個人。」[5]

正義原則被描述爲在公平仲裁基礎上採取行動的道德義務。它與公平、應享權利和平等有關。在醫療保健倫理中，這可以細分爲三類：稀缺資源時的公平分配（分配正義），尊重人民的權利（權利正義）和尊重道德上可接受的法律（法律正義）。[6] 哲學家們用公平、應得和權利等術語來解釋正義的概念，那是平等性和適當性的待遇之臨床實踐。

在須要的醫療用品不足的時候，醫生可以扮演上帝決定誰生誰死的角色嗎？Beauchamp 和 Childress 表示「……在知道治療方法的結果存在差異之時」，[4] 則必須考慮採取其他措施。在這裡，我們發現有兩種不同

類型的正義，即正式的正義和物質的正義。[7] 正式之正義可解釋爲「先到先得」的基礎待遇。從這個意義上說，每個人都有平等的機會，沒有任何區別。如果老年患者是第一個入醫院的，他或她將有權在需要時接受呼吸機，而較晚來的年輕患者將不得不等到另一臺呼吸機可用時才給予。正式正義不是比較的，而物質正義卻是比較性的，取決於緊急程度或可治癒性或其他因素。當醫療資源有限時，Tom Beauchamp 和 James Childress 提到：「當一個人只有透過平衡其他人的相互需要來確定其應得的正義時，那是相對的。當正義是不可比較之時候，例如無辜者永遠不應受到懲罰一樣，公義就是公義，沒有比較的規則。」[8] 這在表面上是絕對的。

在日常實踐中，我們經常注意到物質正義的應用，即每個病人都根據個人需要得到服務。這次疫情的經歷給了我們一個很好的教訓，即醫院應該隨時準備迎接各種挑戰，因此所有需要的醫療設備都應該到位並儲存，特別是醫學中心，因爲他們被定位爲有能力處理所有情況下任何的健康問題。

醫學倫理中的正義原則可能很複雜，因爲每個人的公平概念往往不同。但基本上，正式的正義以報到先後爲準；而物質正義爲應付緊急需要來應用……英國皇家醫學會的醫學入口網站提出了在面對令人不安的決策困境時要考慮的四個方面：

1. 這個行爲是否合法？
2. 這個行爲是否不公平地違背了其他人的權利？
3. 這個行爲是否優先考慮一個群體而忽略另一個群體？
4. 如果它確實優先考慮一個群體，這個優先權是否合理，對整體社會利益或道德慣例可否被接受？[9]

這個第四點在考驗將呼吸機優先提供給年輕患者的決策是否合理。在資源不足時，認爲年輕患者有更好的康復機會，因此老年患者被取代了。

雖然這一論點是基於功利主義的理由，但「平等對待每個患者，爲有相同問題的每個人提供同等治療」在緊急情境中卻違反了正式正義的原則。[2]因此，爲了避免出現任何這樣的情況，醫療機構應該隨時做好準備，以應對不可預測的傳染病爆發時的挑戰。換句話說，醫院必須隨時準備提供所需的醫療服務，並有充足的醫療用品和設備儲存。

尊重老人是儒家孝道的一種表現形式

在儒家思想中，繞過老年人向年輕患者提供所需的呼吸機的做法可以被認爲是缺乏孝道的。儒家教導的中心是建立在仁的基礎上，是透過孝道來實現的，孝道是尊重自己的父母，然後將其擴展到其他老年人。當孩子還小的時候，父母照顧、撫養和支援孩子而犧牲了自己。當父母衰老時，子女應回饋這種善意報答父母。孝的漢字是由兩個字母所組成，頂部是老，底部是子。所以孝是子女扮演支撐和承載老了的父母的角色。當父母年老不能照顧自己時，孩子們有義務撫養和照顧他們。

這種互惠是一種孝道的行爲，但僅僅愛自己的父母是不夠的，這種義務和尊重必須延伸到社會上的其他老年人。儒家第二大聖人孟子說：「老吾老，以及人之老；幼吾幼，以及人之幼。」[10]20世紀最重要的中國哲學家之一馮友蘭這樣解釋：「擴大對家庭的愛，以便包括外面的人……這些關愛不是被迫的，而是人的原始本性就有的一種憐憫情，使他們無法忍受看到他人的痛苦。」[11]馮說，孝道是人類與生俱來的天性，一旦培養起來，整個社會都會受益，沒有一個病人會在需要的時候遭受被忽視的痛苦，因爲孝道的實現是人們應隨時準備迎接任何緊急的召喚。

儒家的教導始終堅持仁與慈悲。這種美德需要培養，才能使整個社會和諧繁榮。在《大學》一書中，它說，「身修而後家齊，家齊而後國

治，國治而後天下平。」[12] 因此，孝道是世界和平與普遍和諧的基礎。任何在孝道基礎上對老年人缺乏尊重的活動都不能被視爲良好和公正的。因此，儒家傳統中的「義」是一種情境的正義和應有性。[13] 以孝道爲例來說，長者在貧困時應享有優先分享權。這不是關於公平與否，而是關於尊重老年人的「義」的問題。西方的公平和平等概念在儒家社會中的實踐是不同的。[14] 在很多東亞國家，老年人可以免費進入一些公共設施，如博物館或展覽中心，其他人則需要買票才能進入。在公共交通如火車，汽車上，有些座位只爲老年人預留，而且老人享受半價之優惠，這些都是孝道的表達，因此正義不被理解爲公平，而是具有尊重的含義，被稱爲做正確的事和正確地做事的正義。[15] 孝道的優越性可用這句話來表明：百善孝爲先。一般來說，孝道要求孩子向父母和社會上其他長輩提供愛、協助和尊重。其實西方國家有些也有類似的社會政策，在加拿大每一位老人滿65 歲，就能每月領國家發的老人津貼來維持最基本的生活。.

　　隨著東方各國在生活上逐漸現代化，這種對老年人的尊重已有褪色模糊的傾向。對孝道基本上最嚴峻的挑戰出現在 20 世紀初。魯迅（1881-1936），中國著名和有影響力的作家，批評孝道，並認爲偏愛老年人，阻止了年輕人的成長。毛澤東在文革期間也曾試圖駕馭這種儒家美德，但失敗了。這一孝的信條對今天的儒家社會仍然很重要。在現代漢語中，孝是用「孝順」這個詞來表達的，意思是「孝敬和順從」。雖然中國一直有各種各樣的宗教信仰，但幾乎所有宗教信仰都對孝道有共同的強調。歷史學家Hugh D. R. Baker 稱，尊重家庭是所有中國人唯一共同的元素。[16]

　　在韓國文化中，孝道也至關重要。[17] 在臺灣，孝道被認爲是八大美德之一，其中孝道是至高無上的。它是「所有關於人類行爲之思考的核心」。[18] 越南人傳統上要求尊重在年齡、地位或職位上較高的人。在家裡，他應該在言語和行動上順服尊重他的父母，兄姐和年長的親戚。尊重

是孝道概念的重要部分。

從儒家傳統來看，否認長者需要呼吸機來治療感染性疾病，在東方會被批判爲不尊重老人，也在否認老年人過去對整個社會的犧牲和貢獻。這並不意味著年輕的患者應該退後一步，把一切醫療資源都讓給老年人。父母願意爲孩子做任何事情，爲年輕人的利益和成長而奉獻自己。人類關係的互惠理念不僅在兒童和父母之間，而且在社區中包括所有人的情況下，相互照顧，這是仁與義的實現。除了儒家強調孝道之外，墨家的墨子也提出了兼愛的思想，主張所有人都應該以同樣的方式得到照顧，包括其他人的父母、家庭和國家，就像自己的父母一樣。

是否應該選擇最合適的人來提供呼吸機？

「適者生存」的概念是物種在進化競爭的過程中，強者存活、弱者被淘汰的描述。在義大利，將老年患者使用的呼吸機轉給年輕患者的情況，就是根據這個理念。由於供應短缺而剝奪了老年人使用呼吸器的權利，似乎違反了醫學的專業信念，但那不是「適者生存」的實踐嗎？在這次新冠肺炎流行中，我們看到一些老年患者在沒有給他們呼吸機以提供康復機會的情況下就一命嗚呼死了，「適者生存」的概念相信患者年齡越大，死亡的可能性就越大，而年輕患者的治癒機會也越大。

「適者生存」是一個起源於達爾文進化論的述語，描述自然選擇機制的一種方式。健康的生物將繁衍成功。在「適者」與「不適者」的假設下，[19] 一些老年患者被認爲「不合適」，因爲他們的康復機會小於年輕人。很不幸的這種假設真的可能發生。Hans-M Sass 說：我們必須提醒自己決不能試圖把自己的「假設信念」強加在他人身上。[20]

2020 年 3 月下旬，美國近 1400 名最傑出的生命倫理學家和醫護領導

人簽署了一封緊急致國會和白宮的信，懇求美國政府立即利用其聯邦權力和資金應對新冠肺炎疫情，這是一項道義責任。在它提出的五項要求中，「確保所需物資的製造和分配」排在第一位。它還要求保護弱勢群體。[21] 這份請願書清楚地表明，每個病人都需要得到照顧和保護，因為這是醫護專業人員的莊嚴職責。在老年患者需要時拒絕給他們提供呼吸機是嚴重違反醫學道德的，儘管這可能是由於在醫療資源稀缺的情況下做出的妥協。雖然某些患者具有更好生存機會，因之給予了呼吸機，以挽救更多的生命，但生命應不分貴賤、老幼、男女、地位……。

簽署這封信的美國醫學倫理學家和醫學領袖在呼籲中強調，沒有人的生命比另一個人的生命更有價值。中國醫學倫理之父孫思邈在 6 世紀說：「人命至重，有貴千金。」……「每當一個偉大的醫生治療疾病時……他應該堅定地努力拯救每一個生命。」[22]Hans-M Sass 這樣說：「一個偉大的醫生必須將專業知識和道德、專業知識和人類憐憫心結合起來……他不應該在他的病人之間有歧視，而是公平公正地對待每一個人。」[23] 當醫生看到病患時，他眼前看到的應該是一個需要幫助的人，不分白與黑、貴與賤，也不應該有年齡的區別。膚色、財富、性別或地位特權不應影響病人的治療。Sass 這樣解釋：「一個偉大的醫生不應該關注地位、財富或年齡；他也不應該質疑這個人是有吸引力還是沒有吸引力，是敵人還是朋友，他是中國人還是外國人，或教育程度的高低。他應該在平等的基礎上對待每個人。他應該以『視病如親』來看待。」[24]

缺乏醫療資源的不幸情況時而發生，醫護專家可能被迫必須採取一些方法來選擇誰生誰死。但我們必須牢記，每個生命都是有價值的，得到治療的權利也相同，都應得到最好的照顧。醫護專業人員有責任做好充分準備，迎接任何狀況的出現。「適者生存」的選擇違反了醫療保健的神聖職業。面對新冠大流行的威脅，醫療專業人員應維護人類的尊嚴，遵循道德

準則，保證每個人都能獲得醫療援助，並尊重她／他的康復權。

做好準備——以臺灣爲例

臺灣在 2020 年遏制新冠疫情方面的非凡經驗證明，正義不僅關乎平等，還要求我們時刻準備好迎接挑戰，讓每個人都能得到公平對待。在義大利發生的倫理困境從未在臺灣發生過。

當 2020 年 1 月新冠肺炎疫情首次爆發時，一些專家預測，臺灣將是中國境外病例最多的地區，因爲它距離中國沿海僅 180 公里，而且兩國之間也有頻繁的空中航班，商業聯繫密切。流行之初短短幾個月內當中國已有超過 8 萬例新冠肺炎病例時，臺灣的確診病例數保持在 400 例左右，而且只有 7 例死亡。一些國際衛生專家認爲這與臺灣的快速準備和超前布署有關。

雖然臺灣擁有高品質的全民醫療保健，但其成功取決於準備、速度、中央政策和嚴格的接觸者追查。臺灣政府預料到隔年的 1 月下旬對口罩的需求就會很高，因此馬上購買了製造機器，立即生產所需的口罩。臺灣居民可以每週到全國指定的藥房購買特定數量的口罩。[25] 呼吸機和醫院隔離病房／病房……從來沒有出現不夠狀況。

Hans-M Sass 預言：「全球流動性之便捷導致傳染病的傳播，我們不必等待恐怖分子、犯罪分子或外國使用生物病毒進行殺戮、恐怖或戰爭、人員的高度流動性，透過整合的全球貿易，旅行和商業網絡，使傳播傳染病變得容易和危險。」[26] 並呼籲及早預防和準備。

準備好迎接任何挑戰，是臺灣從 2003 年的 SASR 疫情中吸取的教訓，臺灣付出了沉重的代價。現在，他們準備好了。正義不僅關乎平等和公平，還關乎迅速採取行動的準備。

結語

　　醫學倫理原則提醒我們要盡職責任地滿足病人的醫療需求。所有這些原則都與態度和認知意識有關。但是，如果沒有充分的準備，只有良好的服務意願是不夠的。新冠肺炎應該給全世界一個新的教訓，我們必須做好準備，好迎接下一波意想不到的新傳染性疾病的挑戰。

　　許多老年患者已經死亡，因為他們從未有機會在關鍵時刻可以使用呼吸器。即使他們接受了呼吸器，有可能也會死於新冠，但至少他們得到了平等的照顧，與其他年輕患者一樣有機會康復。如果我們能吸取教訓，不要因設備不足而死亡。人類社會應該是一個充滿愛和相互尊重的大家庭，在這裡，每個生命都值得拯救也有生存權。

參考文獻

1. McGrath Ciaran: Italian hospital makes heartbreaking decision not to intubate anyone over the age of 60 : Friday, Mar 20, 2020. https://www.express.co.uk/news/world/1257852/Italy-coronavirus-intubating-elderly

2. Parsons AH, Parsons PH: *Health Care Ethics*. Toronto, Wall & Emerson Inc. 1992: 15

3. Veatch RM: *The Basics of Bioethics*. Upper Saddle River, New Jersey, Prentice Hall. 2000: 122

4. Beauchamp T, Childress J: *Principles of Medical Ethics*. New York, Oxford University Press, Second edition. 1983: 187

5. Sass HM: *Bioethics and Biopolitics. Sian*, China: Fourth Military University of Medicine Publishing Press. 2007: 383

6. Gillon R: Medical ethics: four principles plus attention to scope in BMJ, 1994 Jul 16; 309(6948): 184-88. https://doi.org/10.1136/bmj.291.6490.266

7. op.cit, Beauchamp T, Childress J: 186

8. ibid: 185

9. The Medical Portal on Medical Ethics Explained: Justice https://www. themedicportal.com/blog/medical-ethics-explained-justice Hasting

10. Mencius 1a.7

11. Fung YL: *A Short History of Chinese Philosophy*. New York, The Free Press, 1948: 72

12. Legge, James(trans.) Confucius: Confucian Analects, The Great Learning and The Doctrine of the Mean. New York: Dover 1971: 1.5.

    "Things being investigated, knowledge became complete. Their knowledge being complete, their thoughts were sincere. Their thoughts being sincere, their hearts were then rectified. Their hearts being rectified, their persons were cultivated. Their persons being cultivated, their families were regulated. Their families being regulated, their States were rightly governed. Their States being rightly governed, the whole kingdom was made tranquil and happy."

13. Tai MC: Principles of Medical Ethics and Confucius' Philosophy of Relationship in Religious Studies and Theology, University of Saskatchewan, Canada, Vol 16, No.2, 1997: 60

14. Tai MC: *The Way of Asian Bioethics*. Taipei: Princeton International Publishing Co. 2009: 123

15. Tai MC: Eubios Journal of Asian and International Bioethics 2019. Vol 29 (3): 89-92

16. Baker, Hugh D. R.(1979), *Chinese Family and Kinship*, New York, Columbia University Press; 98

17. Yim, D: Psychocultural Features of Ancestor Worship, in Slote, Walter H.; Vos, George A. De(eds.), Confucianism and the Family, SUNY Press, 1998: 163-86

18. Jordan, D.K: Filial Piety in Taiwanese Popular Thought, in Slote, Walter H; Vos, George A. De(eds.), Confucianism and the Family, SUNY Press, 1998: 267-84

19. https://en.wikipedia.org/wiki/Survival_of_the_fittest

20. Sass HM: *Cultures in Bioethics*. Zurich Lit Verl.AG GmbH & Co. 2016:111

21. Hastings Center News, Covid-19, Ethics, Health and Health Care, Public Health. Published on: March 24, 2020

22. Tai MC: An Asian Perspective of Western or Eastern Principles in a Globalized Bioethics in *Asian Bioethics Review* March 2011, Vol 3(1), 25

23. op.cit. Sass HM: Bioethics and Biopolitics: 383.

24. Sass HM: Emergency Management in Public Health Ethics: Triage, Epidemics, Biomedical Terror and Warfare, in Eubios Journal of Asian and International Bioethics. 2005: 15

25. By Angela Dewan, Henrik Petterson and Natalie Croker, CNN April 16, 2020. https://www.cnn.com/2020/04/16/world/coronavirus-response-lessons-learned-int

26. op.cit. Sass HM: Bioethics and Biopolitics: 389

第十三章　人工智慧對人類社會和生命倫理的影響

　　被稱爲第四次工業革命（Industrial Revolution 4.0, IR 4.0）的人工智慧（AI）不僅會改變我們做事的方式、我們與他人的關係，還會改變我們對自己的了解。人工智慧是什麼，其對 21 世紀人類工業、社會和經濟變化的影響會是如何？我們有沒有一套人工智慧生命倫理學原則？18 世紀的工業革命（IR 1.0）推動了巨大的社會變革，但並未直接使人際關係複雜化。然而，現代人工智慧對我們做事的方法以及我們相互間的連繫產生了巨大的影響。面對這一挑戰，我們必須考慮和發展人工智慧生命倫理學的新原則，爲人工智慧技術的觀察提供指導，使世界在這個新智慧的進步中受益。

什麼是人工智慧？

　　人工智慧（AI）有許多不同的定義；有些人將其視爲允許計算機和機器以智慧方式運行的創造技術。有些人認爲它是代替人工爲我工作的機器，這是一種更有效、更快捷的結果。其他人將其視爲「一個系統」，能夠正確解釋外部數據，從這些數據中學習，並利用這些學習透過靈活的適應來實現特定的目標和任務。[1] 儘管有不同的定義，但對人工智慧的共同理解是，它與機器和計算機相關聯，以幫助人類解決問題並促進工作流程。簡而言之，它是一種由人類設計並由機器展示的智慧。人工智慧一詞用於描述人造工具的功能，它模仿人類大腦並具有自然智慧的「認知」能力。[2]

隨著近年來控制技術的飛速發展，人工智慧幾乎已經出現在我們的所有生活圈子中，其中一些可能不再被視爲人工智慧，因爲它在日常生活中如此普遍以至於我們已經習慣了，如光符識別或手機訊息搜索設備的 Siri（語音辨釋和識別接口）。[3]

不同類型的人工智慧

從人工智慧提供的功能和能力，我們可以區分出兩種不同的類型。第一個是弱人工智慧，也稱爲狹義人工智慧，旨在執行狹窄的任務，例如面部識別或 Siri 互聯網搜索或自動駕駛汽車。許多目前聲稱使用「人工智慧」的現有系統可能做爲弱人工智慧運行，專注於狹義定義的特定功能。儘管這種弱人工智慧似乎對人類生活有所幫助，但仍有一些人認爲弱人工智慧可能是危險的，因爲弱人工智慧可能會導致電網中斷使全功盡棄，或在發生故障時損壞核電站。

許多研究人員之長期目標是發展出強大的人工智慧或通用人工智慧（AGI），這是一種機器的投機智慧，能夠理解或學習人類可以完成的任何智慧任務，從而幫助人類解開面臨的問題。雖然狹義的人工智慧在下棋或解方程等方面可能優於人類，但其效果仍然很弱。然而，AGI 在幾乎所有認知任務上都可以勝過人類。

強大的人工智慧是對人工智慧的另一種感知，它可以被編程爲實際上是一個人類思維，在任何它被命令嘗試的事情上都變得聰明，甚至擁有通常只歸屬於人類的感知、信念和其他認知能力。[4] 綜上所述，我們可以看到 AI [5][6] 的這些不同功能：

1. 自動化：使系統或流程自動運行。

2. 機器學習和視覺：讓計算機透過深度學習進行預測和分析，並透過鏡頭

觀察、模數轉換和數字信號處理的科學。

3. 自然語言處理（NLP）：計算機程序對人類語言的處理，例如垃圾郵件檢測和即時將一種語言轉換爲另一種語言以幫助人類交流。

4. 機器人技術：一個專注於設計和製造半機械人的工程領域，即所謂的機器人。它們用於執行方便人類的任務或人類無法執行的太困難或危險的任務，並且可以不間斷不必休息地操作，例如在裝配線上。

5. 自動駕駛汽車：結合計算機視覺、圖像識別和深度學習，在車輛中構建自動控制。

人類眞的需要人工智慧嗎？

　　人類社會眞的需要人工智慧嗎？這取決於，如果人類選擇一種更快、更有效的方式又可以不斷地工作不必休息來完成工作時，是的，我們需要。但是，如果人類滿足於一種自然的生活方式，而不是過度渴望征服自然秩序，那就不是了。歷史告訴我們，人類總是在尋找更快、更容易、更有效、更方便的方式來完成他們所從事的工作，因此進一步發展的壓力促使人類尋找新的、更好的做事方式。人類從他的智慧與經驗發現，工具可以爲日常生活帶來更好、更快、更聰明、更有效的工作成果，發明並創造新事物成爲人類進步的動力。我們今天享受更輕鬆、更悠閒的生活，都是因爲科技的貢獻。人類社會從文明開始就一直在使用工具，人類的進步依賴於工具。生活在 21 世紀的人類不必像以前的祖先那樣努力辛苦流汗工作，因爲他們有新的機器可以爲他們效勞。對於這些工具來說，這一切都很好，應該沒問題，但是在 20 世紀初，隨著人類技術的不斷發展，Aldous Huxley 在他的《勇敢的新世界》（*The Brave New World*）一書中警告說，人類可能給自己帶進一個隨著基因技術的發展，而創造出怪物或超

人的新恐怖世界。

　　此外，最新的人工智慧也正在進入醫療保健行業，幫助醫生診斷、尋找疾病的來源、建議各種治療方法並進行手術以及預測疾病是否會危及生命等等。[7] 華盛頓兒童國家醫療中心的外科醫生最近進行的一項研究成功地展示了使用自主機器人進行的手術。該研究團隊聲稱，機器人進行軟組織手術，將豬的腸縫合在一起，比人類外科醫生更完美地完成了這項工作。它表明機器人輔助手術可以克服先前存在的微創手術程序的侷限性，並提高外科醫生進行開放手術的能力。[8][9]

　　最重要的是，我們看到了人工智慧的高調示例，包括自動控制，如無人機和自動駕駛汽車、醫療診斷、藝術創作、玩遊戲（如西洋棋或圍棋）、搜索裝置（如谷歌搜索）、在線助手（如 Siri）、照片中的圖像識別、垃圾郵件過濾、航班延誤預測……等。所有這些都使人類的生活變得更加輕鬆和方便，以至於我們如此習慣並認為它們是理所當然的。人工智慧已經變得不可或缺，儘管它不是絕對需要的，但如果沒有它，我們今天的世界將在許多方面處於混亂之中。

人工智慧對人類社會的影響

一、負面影響

　　有人提出問題：隨著人工智慧的逐步發展，將不再需要人工，一切都可以機械地完成。人類會變得更懶惰，最終退化到我們回歸原始存在形式的階段嗎？進化的過程需要億萬年的發展，所以我們不會注意到人類的倒退。但是，如果人工智慧變得如此強大，以至於它可以編程自己來掌管並違抗它的主人——人類的命令，那又如何呢？

　　讓我們看看人工智慧對人類社會的負面影響 [10][11]：

1. 一場巨大的社會變革，正要顛覆我們在人類社區中的生活方式。人類必須勤勞謀生，但有了人工智慧的服務，我們可以編程機器為我們做事，甚至不用舉起工具。隨著人工智慧將取代人們面對面交流思想的需要，人與人之間的親近感將逐漸減弱。人工智慧將站在人與人之間，因為不再需要個人聚會來進行交流。

2. 失業是下一個，因為許多工作將被機器取代。如今，許多汽車裝配線都充滿了機械和機器人，迫使傳統工人失業。即使在超市，也不再需要店員，因為數位設備可以取代人工。

3. 由於人工智慧的投資者將占據收益的主要份額，因此將造成財富不平等。貧富差距將會拉大。所謂的「M」型財富分布會更加明顯。

4. 新問題不僅在社會意義上出現，而且在人工智慧本身也出現，因為被訓練和學習如何操作給定任務的人工智慧最終可能會發展到人類無法控制的階段，從而產生意想不到的問題和後果。它指的是人工智慧在加載了所有需要的算法後，可以忽略人類控制器給出的命令而擁有自動運行的能力。

5. 創造人工智慧的人類大師可能會發明一些帶有種族偏見或以自我為中心的盟友機器人來傷害某些人或事物。例如，機器人將具有類似核子力量，不分青紅皂白地用於毀滅人類，或針對某些種族或地區以實現統治目標。人工智慧可以針對某個種族或某些編程對象，來完成程式設計師的毀滅指令，從而製造世界災難。

二、正面的影響

　　然而，人工智能對人類也有許多積極正面的影響，尤其是在醫療保健領域。人工智慧賦予計算機學習、推理和應用邏輯的能力。科學家、醫學研究人員、臨床醫生、數學家和工程師在合作時可以設計一個針對醫學診

斷和治療的人工智慧，從而提供可靠和安全的醫療保健系統。隨著健康科學和醫學研究人員努力尋找新的有效治療疾病方法，不僅數位計算機可以輔助分析，還可以創建機器人系統來做一些精密的醫療程序。在這裡，我們看到了AI對醫療保健的貢獻 [7][11]：

1. 快速準確的診斷

IBM 的 Watson 計算機已被用於診斷，結果令人著迷。將數據加載到計算機將立即獲得 AI 的診斷。AI 還可以提供多種治療方式供醫生考慮。程序是這樣的：將體檢的數字結果加載到計算機上，計算機會考慮所有可能性並自動診斷患者是否患有某些缺陷和疾病，甚至建議各種可用的治療方法。

2. 社會治療機器人

寵物對老年人有緩解他們的緊張情緒，降低血壓、焦慮、孤獨感，並增加社交互動的功能。現在有人建議以機械人陪伴那些孤獨的老人，甚至幫助做一些家務。治療性機器人和社交輔助機器人有助於提高老年人和殘障人士的生活品質。[12]

3. 減少與人體疲勞相關的錯誤

勞動力中的人為錯誤是不可避免的，而且往往代價高昂，疲勞程度越高，發生錯誤的風險就越大。然而，人工智慧技術不會因疲勞或情緒分心而受到影響。它可以避免錯誤，並且可以更快，更準確地完成任務。

4. 基於人工智慧的手術貢獻

基於人工智慧的外科手術已經可供人們選擇。雖然這個 AI 還是需要健康專業人士來操作，但它可以完成工作，對身體的傷害更小。達文西手

術系統是一種允許外科醫生進行微創手術的機器人技術，現在大多數醫院都可以使用。這些系統的精確度和效率遠高於手動的程序。手術創傷越小，則傷害越小，失血也越少，患者的焦慮就更越少。

5. 改進的放射學

第一臺電腦斷層掃描（CT）掃描儀於 1971 年推出。第一次人體核磁共振成像（MRI）掃描發生在 1977 年。到 2000 年代初，心臟 MRI、身體 MRI 和胎兒 3D（three dimensional）之影像成爲常規。繼續尋找新的數據法來檢測特定疾病以及分析掃描結果。[9] 這些都是人工智慧技術的貢獻。

6. 虛擬實境

虛擬實境（VR）技術可以實現對疾病的遠程診斷。患者不必離開遠在他鄉的病床，而醫生可以不必實際在場的情況下使用遠距離的醫療機器人，檢查患者。衛生專業人員幾乎可以像在現場一樣有效地互動。這使專家能夠幫助無法旅行的患者。

需要提醒的一些注意事項

發生任何不可預測的錯誤仍然是必不可避免的。Beth Kindig 是舊金山的一位技術分析師，在分析私營的和公共技術公司的操作已有十多年的經驗，她發布了一份免費的時事通訊，指出儘管 AI 有可能提供更好的醫療診斷，但仍需要人類專家來避免對未知疾病的錯誤分類，因爲人工智慧並不是無所不能地解決所有人類的問題。有時人工智慧會陷入僵局，爲了執行任務，它可能會繼續前進不加選擇地以製造更多問題而告終。因此對人工智慧功能的警惕性觀察不容忽視。這種提醒被稱爲「醫生在線圈」（physician-in-the-loop）。[13]

因此，伊麗莎白・吉布尼（Elizabeth Gibney）在她發表在《自然》（*Nature*）上的文章中提出了 AI 道德的問題，以警告任何偏差和可能的社會危害。[14] 2020 年在加拿大溫哥華舉行的神經資訊處理系統（NeurIPS）會議上提出了人工智能技術應用的倫理爭議，例如在預測性警務或面部識別中，由於偏見算法可能導致傷害弱勢群體。[14] 例如，可以對 NeurIPS 進行編程，以針對某些種族或法令作為可能的犯罪嫌疑人或麻煩製造者。

人工智慧對生命倫理的挑戰

一、必須發展人工智慧倫理

生命倫理學是一門關注生物之間關係的科學。生命倫理學強調生物圈中的善和權利，至少可以分為三個領域，即健康環境中的生命倫理學，即醫生和患者之間的關係，社會環境中的生命倫理學，即人類之間的關係，以及生態環境中的生命倫理學，即人與自然之間的關係，包括動物倫理，土地倫理、生態倫理等。所有這些倫理都關注自然界內各部之間相互的關係。

隨著人工智慧的興起，人類在建立這個新關係方面面臨了不同的挑戰，這種關係本身基本上是非自然的。生命倫理學通常討論自然存在中的關係，無論是人類還是環境，都是自然現象的一部分。但現在人類必須處理一些人造的、非自然的東西，即人工智慧。人類創造了許多東西，但人類從未想過如何在倫理上與自己的創造物相聯繫。人工智慧本身沒有感覺或個性。人工智慧工程師已經意識到賦予人工智慧識別能力的重要性，這樣它將避免任何導致意外傷害的偏離活動。從這個角度來看，我們理解人工智慧可能對人類和社會產生負面影響，因此人工智慧的生命倫理學變得重要，以確保人工智慧不會偏離其最初指定的目的而自行起飛。

　　舉世聞名的物理學家 Stephen Hawking 早在 2014 年就警告說，全面人工智慧的發展可能意味著人類的終結。他說，一旦人類發展出人工智慧，它可能會自行起飛並以越來越快的速度重新設計自己。[15] 受緩慢生物進化限制的人類無法競爭，將被取代。在他的《超級智慧》一書中，Nick Bostrom 提出了一個論點，即人工智慧將對人類構成威脅。他認為，足夠智慧的人工智慧可以表現出收斂行為，例如獲取資源並保護自己不被關閉，這可能會傷害人類。[16]

　　問題是，我們是否必須為人類自己創造的不具有生命活力的產品考慮一種生命倫理學？機器能否擁有與人類完全相同的思想、意識和心理狀態？機器可以有知覺並因此應得某些權利嗎？機器會故意造成傷害嗎？因此必須制定法規創造一個人工智慧的生命倫理要求。研究已經知道人工智慧也會有人類試圖克服的偏見。隨著人工智慧變得「真正無處不在」，它具有對從工業到就業，再到醫療保健，甚至安全的各種生活方式，產生巨大影響的潛力。解決與技術相關的風險，《歐洲政客》（*Politico Europe*）的資深記者 Janosch Delcker 說：「人工智慧永遠不會沒有偏見」……「我認為，至關重要的是要認識到這些偏見的存在，政策制定者應試圖加於處理。」[17] 歐盟人工智慧高級專家小組，在 2019 年提出了《可信賴的人工智慧倫理之指南》，建議人工智慧系統必須是負責任的、可解釋的和公正的。有三個重點提議及七項要求：

1. 合法——尊重所有適用的法律和法規。
2. 道德——尊重道德原則和價值觀。
3. 穩健——在考慮其社會環境的同時，從技術角度具有適應性、可靠、公平和值得信賴。[18]

推薦的七項要求 [18]：

- 人工智慧不應該踐踏人類的自主權。人們不應該被人工智慧系統操縱或脅迫，人類應該能夠干預或監督軟體做出的每一個決定。

- 人工智慧應該是安全和準確的。它不應輕易受到外部攻擊的破壞，並且應該相當可靠。

- 人工智慧系統蒐集的個人數據應該是安全和私密的。它不應該被任何人隨意接近，也不應該被輕易竊取。

- 用於創建人工智慧系統的數據和算法應該是專家能檢驗的，軟體做出的決定應該「被人類理解和追蹤」。換句話說，操作員應該能夠解釋他們的人工智慧系統所做出的決定。

- 人工智慧提供的服務應該對所有人開放，不分年齡、性別、種族或其他特徵。同樣，系統不應該在這些方面存在偏見。

- 人工智慧系統應該是具有可續性（sustainable），也對生態負責並「促進積極的社會變革」。

- 人工智慧系統應該是可審計的，並被保護。任何系統的負面影響應在發生前就可知悉。

從這些指導方針中，我們可以建議未來的人工智慧必須具備人類敏感性或「人工智慧人文」。為實現這一目標，人工智慧研究人員、製造商和所有行業都必須牢記，技術的目的不是為了操縱人類及其社會。Bostrom和 Yudkowsky 將責任、透明度、可審計性、信賴性和可預測性 [19] 列為計算機化社會需要考慮的標準。

二、人工智慧生命倫理學的建議原則

美國 Easter 大學空間與情報系統的記者 Nathan Strout 最近報導說，情報界正在發展自己的人工智慧倫理。五角大廈於 2020 年 2 月宣布，它正

在採用使用人工智慧的原則作爲該部門在開發新的人工智慧工具和支持人工智慧的技術時遵循的指導方針。國家情報局公民自由、隱私和透明度辦公室主任 Ben Huebner 說：「我們需要確保我們在使用這些結構時具有透明度和問責制。他們必須是安全和有彈性的。」[20] 也提出了兩個主題供 AI 社群思考：解釋—能力和可解釋性。解釋—能力是理解分析如何工作的概念，而可解釋性是能夠理解分析產生的特定結果。[20]

　　學者們精心爲人工智慧倫理學提出的原則都值得思考。茲從生命倫理學相關領域的不同生命倫理學原則中提出四個原則，以供參考。我們必須記住，主要注意力仍應放在人類身上，因爲人工智慧畢竟是由人類設計和製造的。人工智慧根據其演算程式工作。人工智慧本身無法感同身受，也無法辨別善惡，並可能在過程中犯錯。人工智慧的所有倫理品質都取決於人類設計者，它不是一個純機械的東西，而應是一種人工智慧生命倫理，同時也是一種跨越人類和物質世界的跨生命倫理。以下是原則：

1. 利益爲善：這裡指的是人工智慧的目的和功能應該造福於整個人類生活、社會和宇宙。必須避免和禁止任何將對所有生命形式的生物進行有損傷性的工作。人工智慧科學家必須明白，開發這項技術的目的只有一個，只是爲了造福整個人類社會，而不是爲了任何個人的私利。它本質上應該是利他的，而不是以自我爲中心的。

2. 價值維護：人工智慧應對社會價值有所認同，也就是必須遵守支配自然世界秩序的普世價值。人工智慧不能提升到高於社會和道德規範的高度，並且必須沒有偏見。科技發展必須是爲了提高人類福祉，這是人工智慧在進一步發展過程中必須審視的主要價值。

3. 透明性：人工智慧不能隱藏任何祕密議程。它必須易於理解、可檢測、不可腐蝕和可感知。人工智慧技術應「可用於公共審計、測試和審查，並遵守問責標準」……任何無法「解釋其工作」的演算程式法可能會帶

來不可接受的風險。[21] 因此，絕對需要有解釋能力和可解釋性。

4. 責任：人工智慧設計者和開發者必須牢記，他們肩負著人工智慧對整個人類社會和宇宙有強大的衝擊之重大責任。他們必須對自己製造和創造的任何東西擔責任。

結語

　　人工智慧將留在我們的世界，我們必須努力執行利益為善、價值維護、透明性和問責制的人工智慧生命倫理。由於人工智慧本身沒有靈魂，它的生命倫理學必須是超越性的，以彌補人工智慧無法同情的缺點。人工智慧是世界的現實，我們必須注意人工智慧的先驅 Joseph Weizenbaum 所說的：我們不能讓計算機為我們做出重要的決定，因為作為機器的人工智慧永遠不會具備同情和智慧等人類品質來進行道德辨別和判斷。[10] 生命倫理學不是一個計算的問題，而是一個良心化的過程。儘管人工智慧設計者可以上傳所有信息、數據和編程給人工智慧以發揮人類的作用，但它仍然是機器和工具。人工智慧將永遠保持是人工智慧，而沒有真正的人類情感和同情的能力。因此，必須極其謹慎地推進人工智慧技術。正如 Von der Leyen 在《人工智慧白皮書——歐洲追求卓越和信任的方法》中所說：「人工智慧必須為人類服務，因此人工智慧必須始終遵守人們的權利……高風險人工智慧……可能會干擾人們的權利，所以在進入我們的市場之前必須經過測試和認證。」[22]

參考文獻

1. Andreas Kaplan, Michael Haenlein: Siri, Siri, in my hand: Who's the fairest in the land? On the interpretations, illustrations, and implications of artificial

intelligence. Business Horizons. Volume 62, Issue 1, January-February 2019: 15-25

2. Russell, Stuart J., Norvig, Peter : *Artificial Intelligence: A Modern Approach*. Upper Saddle River, New Jersey: Prentice Hall: 2009

3. Schank, Roger C: Where's the AI. *AI Magazine*, Vol.12, No.4. 1991: 38

4. Kaplan Jerry: *Artificial Intelligence – what everyone needs to know*. New York, Oxford University Press: 2016

5. Nilsson Niles J: *Principles of Artificial Intelligence*. Palo California, Morgan Kaufmann Publishers: 1980: 29

6. Nilsson, Nils: *Artificial Intelligence: A New Synthesis*. Morgan Kaufmann: 1998

7. Bass Dina: "Microsoft develops AI to help cancer doctors find the right treatment" in Bloomberg News, Sept 20, 2016

8. Senthilingam, Meera: Are autonomous Robots your next surgeons? CNN Cable News Network. May 12. 2016

9. Roberts Jacob "Thinking machines: the search for artificial intelligence. Distilations, Vol 2, No. 2 2016: 14-23

10. Weizenbaum Joseph: *Computer Power and Human Reason from Judgement to Calculation*. San Francisco, W. H. Freeman Publishing: 1976

11. i. Wikipedia, the Free Encyclopedia on Artificial Intelligence.
    https://en.wikipedia.org/wiki/Artifical_Intelligence

    ii. 7 predictions on the future of Artificial Intelligence and Machine...
    https://www.criticalcase.com/blog/artificial-intelligence-the-future-in-ten-years.html

    iii. What Are The Negative Impacts Of Artificial Intelligence? https://bernardmarr.com/default.asp?contentID=1827

    iv. 8 ways artificial intelligence is going to change the way you live, work and play in 2018.
    https://www.cnbc.com/2018/01/05/how-artificial-intelligence-will-affect-your-life-and-work-in-2018.html

v. What is AI(artificial intelligence)? - Definition from WhatIs.com
    https://searchenterpriseai.techtarget.com/definition/AI-Artificial-
    Intelligence

12. https://sites.google.com/view/wsmsrec/social-robots-in-theory-and-care

13. https://www.forbes.com/sites/bethkindig/2020/01/31/5-soon-t0-be-trends-in-
    artificial-intelligence-and-deep-learning/

14. NEWS 24 JANUARY 2020(Nature)by Elizabeth Gibney. https://www.
    nature.com/articles/d41586-020-00160-y

15. Prof Stephen Hawking, one of Britain's pre-eminent scientists, has said
    that efforts to create thinking machines pose a threat to our very existence.
    Interview on BBC on Dec. 2, 2014. Noted by Rory Cellan-Jones

16. Bostrom Nick: *Superintelligence: paths, dangers, strategies*. Keith
    Mansfield, Oxford University Press: 2014

17. https://m.dw.com/en/can-ai-be-free-of-bias/a-43910804

18. European Commission on Ethical Guidelines for Trustworthy AI. April 8,
    2019 the High-Level Expert Group on AI presented this guideline which
    stated three requirements: lawful, ethical and robust.
    Also see; https://www.theverge.com.../eu.artifical-intelligence-ai-ethical-
    guidelines-recommendation
    www.egmontinstitute.be (Egmont Institute 2019. Security Policy Brief.
    No.117, November, 2019: 3)

19. Bostrom, Nick, and Eliezer Yudkowsky : The Ethics of Artificial Intelligence.
    In Cambridge Handbook of Artificial Intelligence, edited by Keith Frankish
    and William Ramsey. New York: Cambridge University Press: 2014

20. https://www.c4isrnet.com/artificial-intelligence/2020/03/06/the-intelligence-
    community-is-developing-its-own-ai-ethics/

21. https://p.dw.com/p/2yFCm

22. *Sci-Tech, Artificial intelligence*, European Union(EU), Technology Permalink
    https://p.dw.com/p/3X

第十四章　科學研究中的欺騙／作假與知情同意——以社會與行為研究為例

　　生命倫理學的範圍廣泛，主要包含醫學倫理，社會倫理及生態倫理。醫學倫理又可分為臨床倫理，研究倫理及規範倫理；社會倫理則有社會科學、人際關係、行為科學、政經倫理；生態倫理包含環境，人工智慧等。（研究倫理又分人體試驗、人體研究、人類研究等等）

　　研究倫理中最重要的部分是知情同意（informed consent）。在任何研究案件中，要求參與者提供身體組織／資訊……以供實驗與研究的過程中，自願參與是絕對必要的。這是對參與實驗者之自主權的尊重。知情同意務必將有關研究主題的來龍去脈說明清楚，不得故意隱瞞某些資訊以促進參與。在社會與行為科學之研究中偶而會有使用一些隱瞞手段來進行。對於許多心理學和社會學之研究或實驗來說，受試者知道的越少越容易進行，如旁觀者冷漠之實驗（Bystander Apathy Experiment）和米爾格倫實驗（Milgram Experiment）。

研究中的欺騙隱瞞與作假

　　大多數學生曾以某種方式作過弊，如在他們的學期論文或報告中從網路抄襲一部分，甚至從已發表的期刊中抄寫一整段。任何沒有得到同意或註明原始資料來源的都是違反學術倫理的作法應明確禁止。研究應該是一種第一手的科學資訊，以拓寬學術知識，從而造福整個人類社會，因此任何作假、捏造或偽造數據……等偏離科學研究的方法，都被認為是不道

德的。然而，在實驗前的同意過程中，研究人員故意欺騙受試者或遺漏了一些必須知情的資訊也時有發生。其中最惡名昭著的是塔斯基吉梅毒研究（Tuskegee Syphilis Study）。Philip Zimbardo 的史丹佛監獄實驗（Stanford Prison Experiment）[1] 也不時被提及。這種欺騙事件過去發生過，今天及將來仍然可能發生。爲了個人的虛假盛名有些人會從事作假，但有的是爲了獲得最客觀的實驗結果，認爲受試者知道的越少越好而結果也會越正確，特別是在社會行爲研究中。

韓國科學家黃禹錫教授的實驗被發現作假以後，促進了研究倫理對欺騙的更多討論。但研究中的欺騙並不是什麼新鮮事。正如塔斯基吉事件的藉口那樣，一些科學家對研究性質的主題撒謊，或者向受試者隱瞞了一些資訊，以便實驗可以繼續進行，從而獲得原本不可能獲得的資訊。

一、三個例子

1. 塔斯基吉梅毒研究於 1932 年至 1972 年間在美國阿拉巴馬州塔斯基吉進行，目的在研究貧困農村黑人男性未經治療的梅毒患者病況之自然進展。600 名以前感染過梅毒的貧困非洲裔美國人被招募，其中 201 人其實沒有這種疾病。這些人獲得了免費的醫療護理，膳食和免費的埋葬保險，但從未被告知或提供有效的青黴素來治癒他們的病。[2]

2. 好撒瑪利亞人行爲研究：這個所謂的「旁觀者冷漠實驗」旨在找出人們如何反應在他們面前發生的殘酷事故。情況是一個預先安排好的事故在紐約地鐵列車上發生，有的是喝醉了，也有手拿著枴杖的殘障人士忽然倒下，研究人員觀察並測量了毫無戒心的人群的反應。這項研究是在 Kitty Genovese 被強姦和謀殺之後進行的，Kitty 在被強姦和殘忍殺害前曾尖叫了 30 分鐘，但包括旁觀者或鄰居在內的任何人都沒有進行干預或打電話給員警。[3]

3. 米爾格倫實驗：這是一個關於服從權威的眾所周知之實驗，由耶魯大學心理學家 Stanley Milgram 進行的，他要測量參與者服從權威的意願程度，命令參與者的絕對服從，甚至必須做出違背個人良心的行為。這項研究讓志願受試者充當老師，叫他們給學生口試，給出錯誤答案的學生（實驗的同盟者）會被電擊處罰。學生與老師分別在二間不同的教室隔著透明的窗戶，學生在口試的問答中每一個錯誤的答案都會受到實際的處罰電擊。但實際上，老師不知道電擊有沒有出現，學生演出受衝擊的疼痛。事前一個帶有電擊發生器的錄音機，會播放預先錄製的每個電擊級別的聲音。在一些電壓水平升高後，學生開始敲牆以示痛苦。由於當老師的受試者得到保證，他們不必對任何傷害負責，而是要服從命令，直到學生得到正確的答案。透過這個實驗，它會揭示當人們在被控制下，必須對他人使用刑罰，而受刑者因電擊遭受的巨大痛苦時，如何對命令做出反應。[4]

二、這些實驗的倫理問題

1. 塔斯基吉實驗對受試者撒謊，剝奪了他們接受梅毒有效治療的權利。這項研究被發現後，美國國會舉辦了多次的聽證會，最終發布了 Belmont Report，以確保在實驗中必須遵行的人類保護。這個實驗是研究中欺騙的典型例子，它掩蓋了科學研究的真正性質，剝奪了受試者接受適當治療的權利。這嚴重違反了研究人員保護受試者的責任。但為什麼要對參與的受試者撒謊？青黴素問世後，為什麼參與者被剝奪了接受有效治療的權利？

2. 好撒瑪利亞人實驗是一項社會行為研究，旨在找出人們是否真的冷漠。這項研究沒有向公眾告知這只是一項研究，扮演受害者的人只是演員，不是真正受傷。這個實驗使用了一種欺騙手段，以便獲得人們

的眞實反應。實驗設計者確信除非部署一些僞裝，否則無法獲得有效又可靠的結果，因爲這個實驗無法以任何其他方式進行。但公眾不知道發生了什麼，他們被利用了。這個實驗是在公眾不知情的情況下預先安排的。這種實驗對所有人都公平嗎？爲什麼訊息沒有事先公開？那些回應的人似乎被愚弄了。

3. 米爾格倫實驗是一種回應，旨在找出那些在德國納粹統治下被指控的人的刑警人員，在紐倫堡審判中所辯護他們的作爲只是服從納粹當局的命令。被招募爲老師的受試者沒有被告知他們從學生那裡聽到的電擊和痛苦的聲音是人爲的假相，事實上，他們在整個過程中都被欺騙了。但他們成爲重要的工具，以找出當人類同胞遭受施加的痛苦時，人類良知會如何反應，以及當他們看對他對他人所造成的極大痛苦時，他們的理性良知如何作回應？那些作爲教師參與的人從未被告知研究的全貌，也沒有充分提供資訊，其知情同意只是片面的。

三、欺騙是什麼？又是為什麼？

欺騙是指任何藉著歪曲、僞造和提供錯誤信息或證據來誤導他人的措施，致使人們以某種方式做出反應。欺騙的方式有作假、迷惑、僞宣傳、神祕化……等。根據 Anderson 的研究，我們可以看到這些形式的欺騙[5]：

1. 謊言：編造資訊或提供不眞實或與眞相截然不同的資訊。
2. 模棱兩可：做出模糊或矛盾的陳述。
3. 隱瞞：省略重要與相關資訊。
4. 誇張：誇大事實或將眞相進一步延伸到一定程度，例如，告訴受試者透過參與實驗，他們的健康會得到強化。
5. 輕描淡寫：最小化或縮小事實眞相。

這些形式會互相重疊，但它們總是有一個共同點，就是故意誤導主題。

在討論欺騙作假時，一個經常被問到的問題是他們為什麼要撒謊？欺騙會給欺騙者帶來任何快樂或任何益處嗎？人們對自己的外表和其他人對他們的印象很敏感，因此許多人會偽裝自己，隱藏某些自以為負面的事，或誇大某些東西來使自己顯得更高貴。在說明計畫時，如果人們看起來真誠認真，他們可能會有更好的機會得到積極的回應。欺騙確實有時可以得到好處，因此它幾乎成為人類日常生活的一部分。如果我們問學生他們是否曾經在考試中作弊，答案可以預見是否定的。但是，如果我們以不同的方式詢問，不會引起尷尬以挽回他們的面子或暗示不會有任何懲罰時，有些學生可能就會承認。

這種「愛面子」的心態促使研究人員，特別是社會行為科學領域的研究人員，以一種巧妙的方式設計他們的研究問卷，以確保受試者會坦率地回答。在這裡，我們看到欺騙來自雙方。研究人員可能會以禮貌中立的方式提出問題，但受試者也可能透過給出他們認為舒適的答案來隱藏他們真實的自我。因此，一些科學家認為，在研究中可以允許善意的謊言。

在戰爭中欺騙戰術常被使用，例如，偽裝很多的紙做的戰車來欺騙敵人對方力量強大，或聲東擊西。動物也使用這種技術愚弄捕食者來保護自己。保全公司或警察可能會故意洩露運送大量黃金路線，而實際上則採取不同的路線。欺騙會以多種方式出現。

研究中的欺騙行為是否合理？

研究中的欺騙行為是否合理？被認為是合理的事是否就是合乎道德？如上所述，一些研究人員，特別是在社會行為科學領域，允許沒有任何潛在傷害的情況下，進行巧妙的欺騙，以確保研究的客觀性和準確性。就像Milgram 的實驗一樣，如果受試者（老師）事先被告知電擊不是真實的，

那麼結果將不可靠，因此整個實驗將變得毫無意義。因此，在某些研究中，有時需要採取一些措施，以確保受試者不完全了解研究的整個程序和設計。然而，有些人反對在研究中使用欺騙手段，因為他們認為這是對科學家在社會上享有高信任度的侵犯，也違反了倫理。爭論仍在繼續，以下是贊成和反對的主要理由：

贊成：

1. 使用欺騙是獲取某些類型資訊的唯一方法。如果禁止研究中的一切隱瞞行為將使研究人員得不到重要之客觀研究成果。[6]

2. 不反對使用欺騙行為的人指出，其實研究者一直在自我爭辯應否在研究設計中有所隱瞞，能否在二者之間保持平衡，只要對受試者無害，應可被考慮。Christensen 認為有時為了要解決社會難題時，其必要性是存在的，他透過對文獻的回顧發現「研究參與者並不認為他們受到傷害，也不太不介意被誤導。」[7]

3. 為了獲得可靠和公正的研究結果，特別是在心理學實驗領域，受試者知道的越少越好。

反對：

1. 實驗中的任何欺騙都不恰當，這個使受試者對研究人員的高社會信任和敬重蒙羞。當受試者自願參加時，他們的尊嚴必須得到維護，受試者對研究者的信任不應被視為理所當然。欺騙會嚴重影響實驗和汙染整個專業的聲譽。[8]

2. 如果實驗中的受試者對研究人員持懷疑態度，他們就不太可能像往常一樣行事，然後研究人員對實驗的控制就會受到損害。

3. 研究倫理所依賴的價值觀是誠信、準確、效率和客觀性。[9]

同意參與實驗要有正確的資訊

　　研究可信度最重要的部分在於受試者的知情同意。任何實驗都必須在研究之前獲得參與者的同意。為了使知情同意在道德上有效，它必須包括以下個條件：

1. 披露：潛在參與者必須充分了解研究的目的、方法、合理性、受試者將經歷的程序、可能的好處。此外，還必須披露可預見的風險，壓力和不適的可能性。需要確保參與者的隱私和機密性。知情同意書還必須包括意外發生時的賠償和醫療，以防發生一些與研究相關的傷害。研究者姓名和電話聯繫人也需要提供。

2. 理解：參與者必須理解研究者解釋的內容，並且必須有機會提出問題。知情同意書必須排除任何專業術語，並以國中二年級學生易於理解的語言清晰地書寫。

3. 自願性：受試者同意參與研究必須是自願的，沒有任何脅迫或誘惑。

4. 能力：參與者必須有能力理解正在發生的事情並能夠給予同意。參與者若有精神狀態，疾病或緊急情況而無法勝任，但參與符合其最佳利益時，則指定的代理人可以提供同意。

5. 同意：受試者參與研究的同意書，最好是書面形式，雖然口頭同意或另種同意方式有時是可以接受的，但簽署同意書是例行要求。

　　以上所說清楚地表明，任何實驗在召募受試者時都必須充分解釋目的、方法、範圍和對受試者的任何可能影響。除非這些都徹底滿足，就是有了同意書之簽署否則知情同意是不完整的。欺騙性研究不可能有完全的知情同意，因為研究人員將隱藏其一些真正目的，以順利進行有隱瞞性之研究。從這個角度來看，研究中的任何欺騙都不應該得到任何 IRB 的批准，因為它不能滿足保護人類受試者的要求。研究者的主要關注點應該是

研究參與者的安全。必須解釋並告知任何可能的風險。參與者應有權仔細考慮風險和利益，並提出任何相關問題。知情同意應被視爲一個持續的過程，而不是一個單一的事件或僅僅是一種形式。

知情同意與社會行爲研究

　　有人擔心，如果 IRB 在審查社會行爲提案中的計畫書時採取嚴格立場，許多研究專案將被高的倫理標準所阻礙。英國基爾大學（Keele Uni）大學的 N. Athanassoulis 和 J. Wilson 認爲，在某些情況下，向研究參與者隱瞞一些資訊在道德上是可以接受的，因爲「有一些類型的研究不能在沒有欺騙的情況下完成，在某些情況下，提供有關研究的全面資訊會使結果無效，因爲它可能導致參與者根據這些資訊修改他們的行爲。」他們認爲，拒絕研究中的欺騙過於極端，並表示 IRB 無法了解爲什麼有時向參與者隱瞞訊息是合理且必要的，以使研究準確。[10] D. Sokol 在他關於剖析欺騙的文章中得出的結論是，在特定情況下，使用資訊是否具有欺騙性取決於三件事 [11]：

1. 研究者或委託的代理商之意圖。

2. 什麼樣的期望在某種情況下研究計畫書在規範上是可接受的。

3. 欺騙企圖是否成功。

　　Athanassoulis 和 Wilson 提出了兩個案例讓我們思考是否有條件的欺騙可以在社會行爲研究中被接受 [10]：

1. 一個眞實但經過修改的案例：Rucola 教授建議做一項研究，以衡量公眾吃沙拉的習慣。她會要求公眾在一段時間內填寫一份關於他們一般飲食習慣的問卷，並從這些材料中蒐集沙拉消費的資訊。她的同意書解釋說，她正在對飲食習慣進行研究，但不會提到她只對沙拉消費感

到興趣，因為她擔心如果人們知道她正在測量沙拉飲食習慣，並給出關於健康飲食和吃沙拉的好處的假設時，那麼揭示這一事實會扭曲結果，在試驗期間，她的受試者可能改變他們的飲食習慣，或是不準確地報告他們的飲食習慣。

2. 一個虛構的案例：約翰提議在診間裡設置一個不會引人注意到的無人看管之攝影鏡頭，記錄醫護人員向病人透露壞消息的狀況。他將分析雙方的溝通和肢體語言來撰寫論文。他向願意參與這項研究的醫療人員說他所做的是記錄病人的就醫行為，沒有提到其實他只對醫生如何告訴壞消息及當時病人的反應感興趣。所有參與者的名字與情況都會被保護隱藏起來，一旦他作完研究錄影帶就會被銷毀。

就揭示研究真正目的而言，這兩個案例是相似的，並且都隱藏了研究者（PI）的真正研究意圖，因為如果揭示了真實意念，參與者很可能會改變他們的態度與反應行為。這兩個個案都故意隱瞞相關訊息，並為了研究本身而故意誤導參與者。

欺騙或作假也可以解釋為一個人的工作表現在有人觀察時會與無人在場時之實際情況有所差別。欺騙的程度各不相同。低程度的欺騙是研究人員只向參與者提供有關主題的有限訊息。高度的欺騙就隱瞞研究主題與目的。雖然有同意書的簽署，但 PI 便沒有誠實的說明整個研究計畫。所以在臺灣我們不要 informed consent 稱為「被告知同意」，而應叫「知情同意」。被告知同意所指的是研究者有告知受試者關於實驗的事，但只告知一點點也是告知。知情同意要求「知情」，那是全面的。

上述兩種情況可以歸類為低程度的欺騙，但無論是低度還是高度欺騙，它們都是故意的，這使得一些倫理學家更難接受。無意中的欺騙已經被認為是不可原諒的，更不用說故意的了。在社會行為研究中，故意欺騙被定義為：(1) 隱瞞資訊，以便讓受試者參與他們可能拒絕的實驗；(2) 在

實驗室研究中使用欺騙性指令和操縱；(3) 在實地研究中隱藏和實驗進行中分期操縱。[12]

對於那些容忍欺騙的人仍然會爭辯說，研究人員必須證明他們隱瞞是必要的，以確保研究的有效性及其對科學的價值。[13] 如是的話，則實驗完成就必須彙報（de-briefing）。美國社會學協會（ASA）的道德準則要求調查人員要向被欺騙的受試者在事後彙報情況 [14]，說明真正原因與目的。彙報的目的是透過坦誠讓受試者了解研究的真正內容來糾正欺騙的不道德性質。但是，彙報行為本身可能也會引起問題。當真相被揭露時，有些受試者可能會感到憤怒和尷尬。有些人會留下心理傷疤，即科學研究畢竟比世俗事件更神聖，對研究人員的不信任將印記在心。一些彙報可能會滋生更多的負面情緒。因此美國社會學協會（ASA）在道德準則中指出：[14]

1. 社會學家不使用欺騙性技術，除非 (1) 他們確定使用這些技術不會對研究參與者造成傷害；而且必須根據研究的預期科學，教育或應用價值來證明不使用欺騙手段不可能取得有效的資料，並且 (2) 除非它們已獲得機構審查委員會的批准，或者在沒有 IRB 情況下，獲得具有研究倫理專業知識的另一個權威機構的核可。

2. 社會學家不該欺騙研究參與者去影響他們參與的意願，例如身體風險、不適或不愉快的情緒體驗。

3. 當欺騙是研究和進行研究的必須情形時，在完成測試後應立刻彙報，糾正任何誤解。

4. 在極少數情況下，社會學家可能需要隱瞞自己的身分，以便進行研究，因為如果被發現是研究人員，就會被排斥，無法實際進行研究。在這種情況下，如果研究參與者的風險不超過最小，並且他們已經從機構審查委員會獲得以這種方式進行，社會學家就可以進行研究。

結語

　　研究中的欺騙是不倫理的，因爲科學研究必須保持較高的道德標準。醫學倫理學重申了誠信和正義的重要性，在研究倫理學中，對受試者的保護始終是最大的關注點。當然，在某些情況下有時沒有其他替代方法時，[15] 除了社會行爲科學之研究，在臨床醫學上，有時也會用安慰劑，軟性欺騙就變成必然。話雖如此，我們仍然必須記住，欺騙、作假，歪曲資訊、曖昧不清……等在研究中缺乏倫理性。

參考文獻

1. Zimbardo P: *The Lucifer Effect: Understanding How Good People Turn Evil*. Random House, 2007

2. Jones J : *Bad Blood: The Tuskegee Syphilis Experiment*. New York: Free Press, 1981

3. Hudson, James M. & Bruckman, Amy S.(2004). "The Bystander Effect: A Lens for Understanding Patterns of Participation". *Journal of the Learning Sciences* 13 (2): 165-195

4. Stanley Milgram, 1974: Obedience to Authority . New York: Harper & Row. http://www.experiment-resources.com/stanley-milgram-experiment.html#ixzz1lTPCIDsg

5. Guerrero, L., Anderson, P., Afifi, W.(2007). *Close Encounters: Communication in Relationships*(2nd ed.). Los Angeles: Sage Publications

6. Kimmel, A. J.(1998). In defense of deception. *American Psychologist*, 53(7), 803-805

7. Christensen, L.(1988). Deception in psychological research: When is its use justified? Personality and Social Psychology Bulletin, 14(4), 664-675

8. Ortmann, A. & Hertwig, R.(1998). The question remains: Is deception

acceptable? American Psychologist, 53(7), 806-807

9. Steneck NH: Introduction to the responsible conduct of researh(Chinese version. Taipei, United University System. 2007: 23

10. Athanassoulis N , Wilson J: When is deception in research ethical? *Clinical Ethics* 2009, Vol 4, No.1; pp. 44-49

11. Sokol D: Dissecting Deception, *Cambridge Quarterly of Healthcare Ethics* 2006: 15; 457-64

12. Baumrind, D. 1985. "Research Using Intentional Deception - Ethical Issues Revisited." *American Psychologist* 40: 165-174

13. Cook, Karen S. and Toshio Yamagishi. 2008. "A Defense of Deception on Scientific Grounds." *Social Psychological Quarterly* 71(3): 215-221

14. 12.05 Use of Deception in Research American Sociological Association. 1999. "Code of Ethics." Washington DC: American Sociological Association, Retrieved October 21, 2008 http://www.asanet.org/galleries/default-file/ Code%20of%20Ethics.pdf

15. Tai MC: A Confucian Perspective on Bioethical Principles in Ethics Consultation. *Clinical Ethics*. 2007, Vol 2, No. 4. pp.201-207

第十五章　生物資料庫社會正當性的探討[*]

2016 年臺灣人體生物資料庫（Biobank）曾對研究案件之管轄權有所爭議，後來資料庫倫委會（EGC）與中研院的醫學研究倫理審查會（IRB）開了共識會議，決定雙邊合作共同監督，解決了不同意見。IRB 對研究計畫給予審查，EGC 也在同意輸出檢體前加以表示意見及確認。EGC 對資料庫人體檢體之蒐集及釋出從事監督與管理。Biobank 團隊如對資料庫之組織有所變更，除 EGC 同意之外應知會 IRB 存查。當然，EGC 有權對所申請之檢體的隱私、保密、數量及其倫理性做審查並負責。全世界各地生物資料庫之 EGC 不會對原本之研究計畫或其增修提出決議。這是人體資料庫倫理的根本理念。不過因為蒐集大宗人口群之身體資料，對個人的隱私具有很大的危脅，因之其社會適當性一直被質疑。

研究倫理與生物資料庫

研究倫理的發展是第二次大戰中德國，日本等國家用戰俘為試驗品從事違反人性的醫學研究被發現後所發展出來的新強調，要求醫學研究不能違背倫理，並對參加科學研究之受試者加以保護。20 世紀 40 年代開始，上章提到美國某研究者對梅毒之研究所犯違反倫理事件被揭露之後，美國發表了 Belmont Report 要求所有研究要有 IRB 之設置來守護研究之倫理

---

[*] 本章曾刊載在教育部出版，戴正德／李明濱主編之《人體研究》一書。因該書已絕版，得出版者同意，作者（本書著者）重新整理。

性。任何人都不能干預 IRB 之運作，所以 IRB 必須誠實無私客觀公正。醫學研究得保護受試者，這個職責由 IRB 把關，審查研究計畫。而生物資料庫則由公家授權成立來強化研究。其所蒐集之人體檢體及其應用，則由 EGC 監督管理。

為了促進人類健康，發現病因並給予有效治療，20 世紀後半以來世界很多國家開始建立生物資料庫，蒐集人體檢體來從事研究也做世代追蹤，以發現致病基因並試驗醫治或預防方法。但並不是每一個 Biobank 都是成功的，而且建立生物資料庫並帶動研究所須要的費用非常龐大，大部分的國家都由財團出資建立，如英國，但臺灣則由國家編列預算，其效率當然就不如私人設立的機構嚴謹。除了國家級之生物資料庫外，臺灣各教學醫院，特別是醫學大學的醫院及醫學中心都有 Biobank 的設立。臺灣國家級的生物資料庫扮演領頭羊的角色，推展生物資料之收存與研究。

生物資料庫本身是一種機構，由國家或私人設立均可，但要對疾病加以研究探討，不論是針對健康的個人或疾病，那就需要有研究計畫，且一定要有 IRB 的審查、核准及監督，這是研究倫理的認知理念，為了保護受試者以及維持研究的倫理性。生物資料庫本身只收存檢體方便研究者取得研究資料。

醫學科技的進步促成人類壽命的延長，健康狀況的提升，也使醫學的目的從減輕病痛，醫治病疾進入到預防疾病（preventive medicine）及激勵健康（wellness movement）的境界。雖然很多的疾病還讓醫學束手無策，卻也促進醫學研究更積極的往前衝刺，期許在病發之前就能加以防範甚至根除病源。

生命奧祕被進步的生醫科技逐漸揭穿之後，人類發現遺傳與疾病有著緊密的關係，族群中特定的基因也被發現可能與特定疾病發病率有顯著的關聯。醫學研究更發現相同基因遺傳的人雖有相同的危險因子，並不一定

絕對會有相同罹病的後果，雖然有的會發病，有的卻安好無恙，是否在疾病的發生上，除了基因之外，還有其他的因素存在？他們之間的互動又如何影響到一個人的健康呢？

　　生物基因因子的蒐集與研究，變成解開此關係人類健康至鉅的關鍵。除了基因本身的結構與特質外，觀察與研究生存環境與生活方式的互動對一個人健康狀況之了解，變成預防醫學及促進健康的新醫學使命所必須加以深入分析的。

　　生物資料庫的建立關係著一個國家人民的未來健康，它是疾病預防一個重要的關鍵，也是新時代的醫學給與人類的期許，目前世界先進國家已紛紛建立起生物資料庫，臺灣在 2003 年也也開始了先期規劃，並於 2008 年在嘉南地區從事資料蒐集之工作。但臺灣社會對生物資料庫的疑慮卻從未消除過，其中最關鍵的要點是因生物資料庫之社會正當性尚未完全確立。社會上雖然對生物資料庫的看法有正反兩極，但爭論的重點無非在於國家級生物資料庫是否有一個嚴謹的研究倫理規範，確保個人的隱私，利益的回饋及全民共識，即社會正當性是否已建立。

生物資料庫與隱私權之爭論

　　生物資料庫蒐集很多居民之少量血液或細胞檢體，用於進行與疾病有關的臨床檢查與探究，也從血液中的白血球，萃取 DNA 及培養細胞株，以便長期從其遺傳物質作分析，並進行基因功能之研究，同時也保存尿液或其他細胞檢體作長期世代型的追蹤研究。這些檢體的分析與個人的醫病史及生活型態資料加以連結後，來探究基因與環境的互動可能產生之病症，希望藉此找出新的疾病治療方法與可能的痊癒，來促進全體人民的健康。簡言之，生物資料庫要蒐集的基本檢體有：(1) 血液式細胞、(2) 個人

的病史、(3) 個人的生活型態。生物資料庫的目的則爲：(1) 對基因本身與疾病的發病根本之探究、(2) 研究基因與生活環境之間的互動與可能產生之疾病、(3) 發現疾病的治療方法以促進健康。

人體試驗的進行必須對受試者隱私權確實的保障，對提供檢體用途的受試者也要盡充分告知的責任，讓他了解試驗過程與目的且同意參與。生物資料庫對檢體的收取以進行對基因環境及生活型態等對健康之影響的研究是不是就是一種人體試驗，其實就有所爭議。如果它是人體試驗，則整個過程都必須以人體研究之規範程序來加以審查。人體試驗的案例通常有一個時間的約束，即從什麼時候開始什麼時候結束，而結束之後所有之檢體原則上都必須加以銷毀。不過生物資料庫即不把檢體銷毀，也不是爲了特定藥物，疾病或新醫療技術之研究，而且它必須是世代的觀察計畫，因之有關檢體之收存及隱私的確保對整個收取與後續研究與結果必須嚴謹把關，要有嚴格的要求。

再則，生物資料庫的計畫會對一個人提供之檢體做可能得到某種疾病之因子的試驗，假如監督不嚴謹，則受試者個人的行爲模式或智力及潛在疾病都會因這個分析而曝光。當試驗所得的結論是錯誤的或被誤用時，這個資料庫所帶來對個人之危害卻無從估計，而且某些人也有可能被泄漏之基因訊息而被社會所排斥，或保險公司拒絕接受其保險，在工作上也受到排斥。更有人會用這個基因之分析，把智力、外表、犯罪與遺傳相連結，使生物學上增加一個製造完美嬰兒（designer baby）的驅使衝動，以後人類只能有完美不能有缺陷的所謂「正常人」。「正常基因」變成一種絕對的社會價值，而且更有可能會有基因專利之出現，使基因醫學商業化，因壟斷而使新醫療藥物昂貴無比？

面對這些問題生物資料庫必須提出一套完全又可行的保密機制。但基因資料的所有權屬於生物資料庫或個人本身？個人之親屬？法院？當個人

過世之後，這些資料應如何處置？如果提供者要求把資料銷毀，則必影響整個基因世代之研究，如果生物資料庫屬於國家或某公司的，爲何個人要提供這些生物資訊呢？提供之後如何退出？過世之後如何處理？資料是否要去連接？如去連接生物基因之研究對整個社會與世代，可能就失去可能的研究結果，不能給社會得到整體的利益，什麼才是最好的因應機制呢？

　　一個人的基因生物資料屬於個人或受屬族群或屬於全體人民？如果屬於全體人民，則立法機關可以立法要求每位國民爲了全民之健康，必須提供基因訊息供做研究，然而我們的世代已不是一個可以輕易指使一個人配合時代的需要而提供服務了。個人自主觀念的高漲要求我們應尊重每個人之意願做爲行爲的依據。但當一個族群爲了保護其族群的獨特基因而拒絕參與時，有法律能強迫他們嗎？除了個人的同意之外，是否也需要族群整體的同意？

　　生物資料庫之支持者爲尊重每一個人的自主參與權，提出同意書來尊重每一個人的意願。不過生物資料庫並不是只以個人之基因資料做爲研究的對象，除了個人外也是以整體的民眾族群爲主的，因之在同意書的取得就產生了一個個人同意與族群同意的分別了。

　　個人同意由每一個人來決定，但當基因研究的結果可能給整群帶來標籤時，比方說某個族群帶有酗酒的基因，則族群同意是否可行？又有其必要？冰島的政策似乎可以作爲借鏡，他們於 1998 年立法通過全體國民的基本資料都應自動的成爲生物資料庫的蒐集對象，除非自行退出。從此所謂的知情同意（informed consent）或認定同意（presumed consent），成爲倫理界辯論的課題。不出聲反對就表示同意嗎？表示同意也意謂知情嗎？如果靜默不語的，特別是教育水準不高或偏遠地區的人民由於資訊不足而未能表態者，就被認定同意是否公平？再則若用冰島的方法，如何確保每個人資料的隱私也是棘手的問題。

冰島的經驗

冰島被認定是最理想從事人類生物庫蒐集與研究的地方，因為當地的人民在血緣上很少與外族有所混雜，大部分的人都可由其基因檢查找尋回溯千年以上的家族根源，這個血緣特性，使冰島成為基因與疾病的最佳研究地區。冰島也經由生物資料庫的基因研究發現了十數種與某些特定疾病相關聯的基因，也因此冰島人民的健康可由生物資料庫之存在所達成的醫學研究成果，對某些的特定疾病提出治療方法，也可以提早防範，達到全民健康的境界。他們的方法其實並非複雜，只是把有某種疾病的人的基因與其他健康的之基因加以比較，就能找出某些對某種疾病特別容易發病的基因，再而加以研究治療的方法。當然這個資料庫存有參與者每個人之基因資料，這些資料的保管維護是一門大學問與工程，如何確保其隱私性是醫學研究務必履行的。然而美國某有名的製藥公司曾出價要購買這些資料，來對某些疾病設計新藥物。一位冰島的婦女向法院提出了告訴阻止她已過世之父親的醫療病史與資料之外流，2003 年冰島法院判她勝訴。這個案例又在個人隱私權與公眾利益、基因資料與商業化之間產生了無數的辯論。

臺灣的難題

生物資料庫的工程龐大無比，不但需要大量的資金，也必須有完善的管理機制與科學研究人才，目前臺灣的設立資金來自國家，而英國則由 Wellcome Trust 主導，冰島則由 deCODE 基因公司開創。在研究人才上，這二個國家都不缺，在管理與人民的共識上，他們都經過長期的辯論與準備，而且英國與冰島在人民的血緣上也不複雜。不過回溯臺灣要成立生物

資料庫之努力來得到美好成果，則未必與冰島或英國相同，必須考慮的也
更爲廣泛。在基金上臺灣目前主要以國家級來進行，醫學中心及一些機構
也相繼成立了。在研究人才上臺灣應也不是問題，不過在管理機制，工作
人員與人民共識上則必須努力。以人民共識來說，人民對生物資料庫的了
解其實極爲缺乏，如何教育人民使其了解其意義是在籌備生物資料庫之前
就必須加以進行。再則臺灣更有複雜的族群問題，除了原住民外，客家
人、河洛人與外省族群雖可能流有相同血緣，但「有唐山公無唐山媽」之
歷史事實，已把客家人與河洛人之血緣相對的混雜化。在原住民方面，臺
灣從事生物資料庫時會不會有族群意識的出現，是一件應加以思索的課
題，沒有全民的教育使其了解生物資料庫的意義，有些族群很可能爲了避
免被貼標籤，而拒絕參與，甚或引起族群間之緊張與衝突。臺灣在花蓮地
區已發生過科學研究者必須把已蒐集之檢體在公眾面前銷毀的事，因之在
知情同意之方法與族群意識之敏感度上務必先加以處理。

　　族群意識敏感度之出現其主因在於人民對生物資料庫之認知有所不足
所引起，如果基因檢查之結果會形成一種標籤，則臺灣生物資料庫之成立
將寸步難行。

　　臺灣目前的計畫似乎是以三個地區爲主，不過爲了減少誤解，可以
從某一地區開始，而在人民的認知上有所共識時再擴大到全民。比方說可
以從河洛人的地區與族群開始，再而客家人，再而原住民。然而生物資料
庫並不是一個短時間有結案日期的計畫，因之可能產生的議題就特別複雜
了。不過如果成立生物資料庫的目的是要了解臺灣全民之健康，則全民都
應同時參與，不可有族群之分，應把臺灣人視爲一個整體國民。

　　生物資料庫在 IRB 之審查過程中，一定會有很多的關心，因爲生物
資料庫所牽涉的不只是疾病的問題而已，而與整個族群地區有密切的關
係，雖然生命中的缺陷不應造成歧視，但人類社會很不幸會向某些人貼上

標籤，而造成歧視的可能。是故生物資料的個人隱私性務必是主要的關心，不過爲了全民的健康，在完成分析與研究之後，資訊的公開也是種必然，所以先導計畫的教育是不可或缺的，因爲生物資料庫並不是一個單純的人體與人類研究而已。在 IRB 的審查中，因之有可能注意的問題至少可歸納爲下列幾個關切：

1. 如何取得社會之信任？這與教育、團體溝通緊密相關，生物資料庫的成功與否與這個社會的信任度不可分離，計畫之機制如何？

2. 資料庫牽涉到不同族群之資料，是否有所謂的監督與諮詢委員會的成立？又它的運作與功能又是如何？

3. 基因資料如何確保其隱私性？是否會無條件釋出？如會釋出，又有何機制？

4. 除了檢體之外，又必須蒐集個人病史，這些醫療紀錄如何取得？能與健保資料庫串連否？又如何利用這些資料，對醫療資料之蒐集進行計畫與同意書如何規範？

5. 蒐集資料之訪視人員有沒有一套完整的訓練計畫？又檢體的蒐集如何進行？什麼樣的人負責抽取。抽取多少數量？一共幾次？

6. 檢體如被發現有重大疾病或潛在病原是否告知？

7. 檢體與基因資訊之權利地位之歸屬，當事人身亡時，其親屬有任何權利否？

8. 社區團體在整個計畫中扮演何種功能與權利？

9. 資料庫有沒有淪爲私人謀利的工具之可能？如有，利益分享的機制又是如何？

10. 檢體提供者退出計畫時，有何選擇以及它對研究之影響。

因爲生物資料庫是一個長期的計畫，IRB 雖可要求提交報告，但是是在發生事故時或定期？因此建立一個生物資料本身之監督與諮詢機制變成

重要無比，這個機制在英國稱之為 Ethics Governance Committee。在臺灣也已建立此治理委員會，但這個委員會的角色是什麼？有超然的立場及監督諮詢權嗎？這個 EGC 在英國大略可以看到他們至少扮演下列的功能：

1. 在利用生物資料庫之資源上，界定共同的善（common good）與公共利益（public interest）的分野。
2. 監督生物資料庫之運作及提出建言。
3. 確認檢體資料提供者的隱私保障。
4. 假如有任何要求釋出生物資料庫之資料時，作出是否釋出之裁決。
5. 對生物資料之管理做恆常的查檢。
6. 對投書及問題之處置。

　　這個倫理治理委員會就像當年美國 Geron 科技公司發現幹細胞多功能之潛在能力時，為了確保公司不會利用幹細胞的新科技從事違反人性的科學實驗，馬上組成一個倫理諮詢委員會來做監督一樣，是具有指標意義的，不過這個倫理委員會必須是社會上的公正人士，而且又學有專精站在超然的立場來發揮監督與諮詢的功能。雖然 Geron 公司的諮詢委員，後來有人感受到有志難伸而退出，但這個委員會的精神是生物資料庫之倫理治理委員會不能或缺的。

社會正當性的確立

　　一個國家型的生物資料庫必須首先建立其社會正當性，否則就會被置疑它的功能與目的，而社會正當性的建立則必須有廣泛的對話，讓社會各階層有所共識，了解其功能對整個國家人民健康的重要性。

1.「社會正當性」的多種定義：

(1) 社會合法性——合乎法理？

(2) 社會正確性——合乎傳承？

(3) 社會正統性——合乎法統？

(4) 社會正義性——合乎正義？

2.「正當性」的蘊意

(1) 當更多的人對事情表示贊同或認可，就會逐漸衍生出正當性。換而言之，贊同和默許都能造就正當性。

(2) 正當性是政府行事的基礎，當政權具備合法性才能真正行使公權力，才會於法治體系中被認定擁有治理、管轄國家社會的權力。

(3) 藉由被眾人接受、認可、包容而建立之正當性可形成一個社會秩序。

(4) 正當性可能源自於各方團體普遍認可、贊同，是對社會有益的一種機制和過程。

(5) 在某些情況下，正當性可能透過一小部分具有高度影響力的社會精英階層支持而形成。

3. 社會正當性

(1) 某機制或行為要具備社會正當性、正確性、正統性，則其中兩個因素不可忽視，即正義和責任。

(2) 正義，根據亞里斯多德（Aristotle）可以區分為：

    a. 一般正義，又稱普遍正義，指的是人的關係合乎道德規範。

    b. 特殊正義，又稱分配正義，如涉及社會成員彼此公平交換和分配的概念、自願和非自願的交易。分配正義的重點在於社會利益的分配，如榮譽、財富和需承擔的義務，例如稅收。

(3) 社會正義自 1931 年開始被廣泛重視，主要焦點著重於社會共同利益分配的討論，包括利益、責任的分配和各項人權的尊重。

(4) 一個新的觀點在 John Rawls 所著的《正義論》（*A Theory of Justice*）一書當中被提出。John Rawls 所關注的正義是，適當的分配權利和義務、社會利益，進而達到個人自由和平等……。自由和機會的平等權應被保障，並且致力於造福身處社會邊緣的人們。此觀念與功利主義相悖，強調極大化整體或平均的社會福祉才是正義。

(5) 責任（Responsibility）和問責 / 當責（accountability）不能分開。每個人都必須向自己的行為負責，社會整體行為亦然。

(6) 兩個關鍵意涵：「以責任為核心的當責制」，和「以責任作為承諾」。

4. 政權正當性的模糊定義

(1) 憲政體制：主張法律至上而不是個人。

(2) 君主立憲制：在保留君主制的前提下，透過立憲，樹立人民主權、限制君主權力、實現事務上的共和主義理想但不採共和政體。

(3) 民主體制：元首以民主選舉方式選出，受人民所支持而擁有管理眾人事務的權力。

(4) 共產主義：由一個共產黨執政，而且往往是採用一黨制，以建立共產主義國家為最高目標。

　　在文化、社會和科學觀點中，這些政治主體的社會正當性又是如何？所追求的利益（眾人、少數人）又是如何？正當性的本質在此議題中是否存在爭議？

5. 引發的議題

(1) 少數群體存在健康醫療差距：力求消除不平等情況、建立社會信任、適當的訊息揭露與保護、獲得應有的利益和報酬。

(2) 社會正當性也牽涉到資訊隱私和所有權歸屬問題。

(3) 社會正當性在實務界的應用和支持。

(4) 社會正當性的法律地位。

應有的倫理考量

綜觀上述論點，欲建立具有社會正當性之生物資料庫必須將以下幾點納入倫理考量：

1. 尊重自主

(1) 是否來參加的受試者都是出於自願，無任何脅迫或利誘？

(2) 受試者是否被告知擁有保護隱私之權利也可退出此計畫並要求銷毀記錄資料？

(3) 在存有言語隔閡，文化差異或教育知識不足的情況下，是否還能提供完整正確的資訊予受試者？

2. 公平正義

(1) 是否不會因族群背景或社會經濟地位不同而有歧視問題？

(2) 過程中是否不會有任何誤導、蒙蔽受試者或不當利益交換行為？

(3) 對所有關係人是否公平？

3. 切勿傷害

(1) 是否不會對受試者造成任何傷害？

(2) 如果在過程中有任和何差錯，是否提供援助補償？

(3) 是否將任何潛藏的利益衝突與傷害完整排除？

4. 善益利他

(1) 如研究結果有利病疾醫治，受試者能否受益？

(2) 受試者是否有利他之意願與認知？

(3) 研究目的是有利大眾？

　　一個對上述問題充分思考並得到合適答案之生物資料庫，就能具備社會正當性所應有的條件。

結語

　　生物資料庫已是世界的潮流，更重要的，它是人類邁向新時代新世紀保障人民健康，在人民發病之前就加以防範或發現有效治療的途徑之一。臺灣可以選擇缺席，但也可以投入，不過它所牽涉的問題是多方向的，除了醫技的成熟外，社會性、人權性、管理面、教育面、法律面、溝通面、世代交替面、永續生存性等，無一不能忽略，特別是個人隱私的保障更必須加以嚴謹的提出有效之機制。

參考文獻

1. Abbott, A.(2003). "DNA study deepens rift over Iceland's genetic heritage." *Nature* 421

2. Baldi, P.(2002) *The Shattered Self: The End of Natural Evolution*. Cambridge, MA, MIT Press

3. Brody, B.A.(1988). *The Ethics of Biomedical Research: An International Perspective*. New York, Oxford University Press

4. Burgess, M.(2000). "Beyond Consent: ethical and social issues in genetic testing." *Nature Reviews: Genetics* 2: 9-14

5. Dickens, B.(2000). Governance relations in biomedical research. The

Governance of Health Research Involving Humans. M. McDonald. Ottawa, Law Commission of Canada: 93-107

6. Gulcher, J., A. Helgason and K. Stefansson(2000). "Genetic homogeneity of Icelanders." *Nature Genetics* 26(December 20000): 395

7. Hood,L. and L. Rowen(1997) *Genes, Genomes and Society. Genetic Secrets.* M. Rothstein, Yale University Press: 3-30

8. Potts, J.(2002). "At Least Give the Natives Glass Beads: An Examination of the Bargain Made between Iceland and decode Genetics with Implications for Global Bioprospecting." *Virginia Journal of Law and Technology* Fall 2002: 40

9. The UK Biobank(2004). Welcome to the UK Biobank, The UK

第四篇　生態與生命倫理

第十六章　人類生活與環境

　　在原始社會中，人類依靠自然界無形的運作生存。因為敬畏並避免冒犯自然而對舉止異常小心。當人們發現自然界有很多的資源可以豐富他們的生活時，人與自然之間的密切關係就發生了變化。

　　現代哲學之父，笛卡爾（Rene Descartes）推出他的笛卡爾二元論（Cartesian Dualism），即肉體與心智思想是分離的，[1] 例如，一個人生病的原因是外在的，由於細菌或病毒感染或營養缺乏等生物因素所形成。但後來人類又發現其實外在因素也可以豐富人的生活，產生病變，這種理解使世界認為環境與人類的關係雖大。但二者也可以分開，然而，這種對健康的生物醫學的理解很快就誕生另一認識稱為心身（pscho-somatic）的新模型，該模型從社會心理和生物元素相互作用的角度定義了健康和疾病。隨著電的發現和原子時代的開始，現代科學家意識到，不僅人類生活受到生物因素的影響，還受到社會、心理甚至環境因素的影響。[1] 人類每天與之互動的環境，在一個人的健康中起了重要作用，並且肯定會影響個人生活的實現。不過人類沒有覺醒過來，反而對支持生命的大自然以一種要改變征服的態度出現。人與外界若可以分開，我們所看到的一切應為人類而存在。人是萬物之主。地球的變化於是日日加劇。

　　今天我們的環境是否處於良好的狀態，強化人類的美好生活？根據創世記，上帝的創造是美好的。詩篇作者描繪了這樣的天地的理想圖像 [2]：

耶和華使泉源湧在山谷，流在山間，

使野地的走獸有水喝，野驢得解其渴。

天上的飛鳥在水旁住宿，在樹枝上啼叫。

他從樓閣中澆灌山嶺；因他作為的功效，地就豐足。

他使草生長，給六畜吃，使菜蔬發長，供給人用，使人從地裡能得食物，

又得酒能悅人心，得油能潤人面，得糧能養人心。

佳美的樹木，就是黎巴嫩的香柏樹，是耶和華所栽種的，都滿了汁漿。

崔鳥在其上搭窩；至於鶴，松樹是他的房屋。

高山為野山羊的住所；巖石為沙番的藏處。[3]

以賽亞甚至投射出人與環境之間的和諧：

豺狼必與綿羊羔同居，豹子與山羊羔同臥；少壯獅子與牛犢並肥畜同
群；小孩子要牽引他們。

牛必與熊同食；牛犢必與小熊同臥；獅子必吃草，與牛一樣。

吃奶的孩子必玩耍在虺蛇的洞口；斷奶的嬰兒必按手在毒蛇的穴上。

在我聖山的遍處，這一切都不傷人，不害物；因為認識耶和華的知識
要充滿遍地，好像水充滿洋海一般。[4]

這美麗的和諧在哪裡？為什麼我們似乎沒有看到它？哪裡出錯了？

我們的環境

在60年代，有一首名為「奇怪的日子」（Strange Days）的流行歌曲，
描述人類對自然界的作為。歌中唱著：

他們對地球做了什麼？

他們對我們的姊妹做了什麼？

被踐踏和掠奪，

撕扯她，咬她，

用刀把她威逼至黎明的一角，

然後用蘿笆把她綁起來，把她拖下來。[5]

我們環境的毀滅性狀況在當今世界任何地方都是顯而易見的。這首歌寫完已經差不多半個世紀了，我們與自然的關係有沒有改善？我們是否以更謹慎的方式照顧我們的環境？太平洋島國吐瓦魯最近的報告表明，我們與大自然的關係不僅沒有改善，反而惡化了。總部在英國的世界宣教協會（Council of World Mission）出版的《來自海洋的故事》報導[6]：「太平洋地區一直容易受到熱帶氣旋等極端天氣情況的影響。但最近一個同樣具有威脅性的環境現象是海水入侵。這是鹹水從環礁的裂縫中上升，滲透到淡水中並在低窪地區浮出水面。」為了找到這個問題的根源，人們發現溫室氣體籠罩著地球，捕獲太陽的能量，導致溫暖的空氣容納更多的水，而更強的降雨改變了風吹模式及其在海洋中的循環。反過來，它迫使溫度上升，導致北極和南極的冰融化，結果是海平面在 20 世紀上升了 10 到 20公分之間，預測到 2100 年可能會再上升 15 到 90 公分。地球變暖不僅影響太平洋島國，印尼的海嘯災難和摧毀美國新奧爾良的 Katrina 颶風都是環境變化的結果。旨在透過減少排放（主要是二氧化碳、甲烷和一氧化二氮）來處理溫室氣體的《京都議定書》是人類試圖修復所造成損害的嘗試之一，但許多國家仍在燃燒化石燃料，儘管預測結果將是進一步的溫度上升。大自然在呻吟，並警告我們，必須做些什麼來防止表面災難。

我們與自然的關係有什麼問題？

　　Richard Means 在他的文章〈爲什麼要擔心大自然〉中引用了 Albert Schweitzer 的話：「迄今爲止所有倫理學的最大錯誤在於，他們認爲自己只能處理人與人之間的關係。」[7] 換句話說，人缺少對自然的倫理素養。生態學家奧爾多‧利奧波德（Aldo Leopold）將人類關係的道德判斷史分爲三個階段 [8]：

　　第一階段以十誡爲代表。這個階段的重點是個人與其他個人的關係。在第二階段，道德主義者開始強調人對社會的責任，與他們對特定個人的責任截然不同。第三階段可以被稱爲道德中立，因爲如果人們虐待土地，從中榨取它將產生的任何東西，然後轉爲新的田地和牧場，他們就不會感受到道德上的內疚。在 20 世紀過去數十幾年開始的生物技術突破之後，這一階段的道德中立性更加明顯，例如生物技術爲醫療技術部署幹細胞。我們將從胎兒中提取幹細胞，讓潛在的生命枯萎而不會感到任何內疚，只要它能爲人類帶來一些好處。這種功利主義心態已經滲透到幾乎所有的科學領域，認爲只要生物技術研究的任何進展都能促進健康和長壽，它就是合理的。對同胞和社會的責任感喪失了。約翰‧帕斯莫爾（John Passmore）說：「人類的傲慢將自然視爲理所當然，並將自然視爲可被任意處置的俘虜，而不是被珍惜的伴侶。必須改變這種傲慢，爲和諧的人與自然的關係發展一種新的意識和道德了。」[8]

新意識

> 海洋誕生
>
> 海洋消失了
>
> 上帝賜下；人類帶走
>
> 人類的名字應受到詛咒⋯⋯[9]

　　這幅墓誌銘刻在加州海邊的一塊墓碑上，哀歎人類對大自然的傲慢。這種人類剝削心理在地球上是多麼普遍？一些人認為，北美原住民或非洲的本土文化基本上是關心環境和兼容的，因為他們將自然視為母親，從而將矛頭指向發達國家作為我們環境問題的根源。這可能是真的，有些文化比其他文化更有生態意識，但當我們看到發展中國家時，我們對其領導人的語氣感到震驚，例如某革命家在五十年代熟悉的措辭是——必須挑戰和征服自然。著名的口號「毛主席思想是我們在與自然的鬥爭中取得勝利的指南」。[10] 不言而喻，人類試圖不惜一切代價探索自然。人類必須意識到，地球上沒有剩餘的邊界可供探索。他需要新的意識才能與自然和諧相處。為了實現這種意識，有三個主題應加以慎思：

1. 人是生態系統的一部分：人類是一種能使用工具、思考的動物也因而自豪。他稱自己為一切受造物的冠冕，一個能夠推理的智人。人確實是唯一一種不僅靠本能，而且靠意志和理性生存的生物。然而，人類是生活在有限世界中的有機體之一。他與所有生物必須分享對水、空氣、食物和礦物質的基本生物需求。一旦大限到了，他就會死去，就像任何其他生物一樣，回到大自然中。因此，人類是生態圈的一部分。在遙遠的過去，人類認識到他是自然生態系統的一部分。在這種情況下，人類與他們的生態系統很好地融合在一起，以和諧的方式適應了

能源和物質的自然流動。他們不是操縱者，而只是在宇宙中僅守自己的位置。一切都是完美的，直到人類開始爲了自己的利益而利用自然，從那時起，我們生活在與支援我們之生態系統的緊張關係中。生物在一定限度內生活和移動，他們絕不能使用比給予的更多之能量、食物和資源。他們必須要意識到人類是這個生態系統的一部分，而不要覺得把地球視爲理所當然。

2. 人類是地球的管家：人是地球上的誰？是主人嗎？一些歷史學家指責人類，因爲人類認爲自己掌管著地球，有權征服它。辯論中的關鍵詞是「統治」或「管理」。Lynn White Jr. 教授在 1967 年發表的關於《我們生態危機的歷史根源》的著名文章中認爲，生態危機是基督教神學的誤導錯誤，因爲基督教教導人類對自然有統治權，又以破壞性的方式對待自然。[11] 但是當我們更深入了解神學時，我們發現在伊甸園裡，上帝把常青草本植物作爲食物給了地球上的每一個生物，不僅僅是給人類。在聖經有關諾亞方舟的記載明示當上帝淹沒地球時，他努力確保每一個生物和人類，萬物一樣得到保護。洪水過後，他指示每一種生物，而不僅僅是人，都要在地上繁衍生息。被稱爲彩虹之約的契約，上帝不僅對諾亞和他的後裔應許，也是對地球上每一個受造物的應許，他將不會再毀滅全地。由此我們發現，人自認的統治權不能被理解爲以高壓權力和殘酷的方式治理，而是要當好牧人，以一個渴望和諧的方式保護地球。人類必須以全心的尊重對待自然。我們可以砍倒一棵樹來蓋房子，或者生火來保暖家人。但是我們不應該僅僅爲了砍掉這棵樹而砍樹。此外，人有責任確保自然得到保護而不是破壞。聖徒法蘭西斯（St. Francis of Assisi）將鳥類稱爲他的兄弟，反映了這種管理心態，即人們不能將自己視爲地球的征服者，而應將其視爲保護自然的管家。

臺灣 1985 年出版的一本名爲《生態學與神學之間》[12] 的中文書籍，提倡這種管理的重要性。作者說：「人是照著上帝的形象被造的，因此他是獨一無二的，但他與所有其他的一切都同等是受造物而互相關聯。人是上帝按照祂的形象被造，意味著責任的被賦予。除了對上帝的責任之外，人類對自然也負有責任，包括對他的同胞、其他生物和地球。人類被委任爲自然界的管家，對自然或任何其他人沒有主權。

3. 我們是有限度的：G. P. Marsh 的《人與自然》[13] 是現代第一部詳細描述人類因無知而無視自然法則從事破壞地球的書。達爾文「適者生存」爲自然選擇理論定下基調，激勵人類不僅要爲了生存而與自然作鬥爭，而且要透過這樣做來證明自己的優越性。弗洛伊德甚至建議人類社會接受對自然的攻擊，迫使它在科學的引導下服從人類的意志。[14]然而，在創造的故事中，上帝指著生命樹（Tree of Life）來提醒亞當和夏娃：除了這顆樹的果實之外，園裡所有的果子你們都可以吃，當你觸摸它的那一天，死就會降臨。「上帝爲什麼創造這樣一棵樹？」對亞當和夏娃的誘惑？不，這是對人類的提醒，我們是有限的。我們不能做任何我們想做的事。有設下的限制，我們只是一種侷限的生物。

這些意識必定挑戰我們去發展一種新的倫理，這個倫理學不僅在生態上，社會上，科技上，而且在心靈上都基於相同的價值觀，強調人對自己，對自然，對其他同胞和對上帝的責任。

《生態學與神學之間》的作者 Michael Tai 認爲，我們的生態危機不僅源於空氣汙染、水汙染或對自然的過度開發，更重要的是它來自人類心靈的汙染。人與自然之間和諧平衡的破壞和瓦解，是這種精神汙染的證據。爲了恢復人與環境之間的和諧關係，必須基於上述意識發展一種新的倫理。

新倫理的發展

倫理學是一種關係的科學，無論是社會導向、關係壓力、生態關注還是生物醫學的發展……，都是倫理學探討的課題。關係的發生總是涉及兩個以上處在平等線上的人或物，一個發起，另一個回應，如果沒有回應，就不會建立任何關係。因此，必須從責任的角度來理解。然而，最近的倫理思維發展往往在強調權利而不是責任。以生命倫理學爲例，我們看到在今天的倫理討論中，責任被忽視了。自主一直被認爲是主要的生命倫理原則。一個人可以不履行職責而要求權利嗎？不願意履行自己的義務，怎還能談權利呢？以臺灣爲例：自 1997 年以來，臺灣成功實施了全民健康保險。所有醫療費用均已投保，包括處方藥。患者現在要求無論他們是否需要都要開藥，醫生爲了保持良好的關係和尊重患者的意願，往往會同意。由於大量不必要的處方和住院治療，國家醫療保險瀕臨破產。患者是否按照醫生的指示服藥？調查顯示，情況並非如此。[15] 濫用權利可能會削弱一個良好的醫療保健計畫。同樣的道理，當我們探索大自然而沒有給予適當的照顧，或者換言之，不負責任地開發擴展時，我們會憋住大自然並導致其消亡。

就人與自然的關係而言，有兩種觀點，即人類中心主義和整體主義。前者認爲人是宇宙的主人，有權以他選擇的任何方式對待自然。這種觀點在歷史上占主導地位，有時被視爲技術發展的催化劑。然而，後者強調人類對自然的責任。人對自然沒有統治權，相反，他是一個管家，應該謹愼地服務和管理自然。人類應該爲我們面臨的生態問題負責嗎？一部分的責怪的是人對經濟的渴求，技術的發展，地域的擴張、汙染、浪費，和原子科技，另一方面是人心的貪婪……等。然而，Charles Reich 在他的《美國的綠化》（*The Greening of America*）一書中說：「現代社會向自然開戰。

競爭激烈的市場利用自然作為被剝削的商品──轉化為利潤。技術將自然視為需要征服，調節，控制的元素……」[16] 問題確實不是經濟或技術。帶著石化物的潮水打在航道附近數英里的海灘上，這不是技術的產物，它們是從個人對汽車的渴望開所產生複雜決策的結果。我們的問題是人類心靈的汙染，其貪得無厭的慾望和對自然的不尊重所造成的生態危機。

　　規範人類行為的新生命倫理學必須強調負責任的管理，旨在強調一種合適的生態理念。符合環境規律、溫和使用資源、去產業中心化、發展一種為人類服務而不是讓人類成為僕人的適當技術機器，利用自然能源，讓人們更多地接觸地球和太陽之恩賜的物質生活。這種技術模型早在諾亞方舟中已反映出來，順乎自然不是征服自然來保存生命。相反，巴別塔（Tower of Babel）是一種指為提升自己的榮耀，不負責任與不當技術的絕佳象徵。方舟利用人類的創造力來識別和保護自然，巴別塔也利用同樣的力量將人類帶離自然。

　　這種新的責任倫理強調責任和承諾。有責任心的人會認真地、自覺地致力於某項任務或一種生活形式，並樂於對其成功和失敗承擔責任。一個負責任的人不會破壞或折磨他所控制的其他生物，即使是一棵樹、一隻狼或一頭牛，也不容忽視。為了一個可持續的未來，這種責任倫理不容忽視。除非我們承諾對我們所做的事情負責，否則我們沒有權利。將這種倫理規範應用於我們的環境，它強調三件事：保護（protection）、恢復（restoration）和保存（preservation）。保護是為了成長與留存，恢復是為了修復被破壞的關係和東西，保存是為了確保任何東西不致絕滅。

結語

　　因為人類試圖重新改變原本的自然，並重新設計自然的形態和秩序，

人類與自然的關係已經從和諧變爲敵對。當人類與環境和諧相處時，一切都會是美好的，但當人類開始操縱自然時，這種關係就惡化了，現在人類試圖重新設計自然，例如無處不在的基因重組計畫和複製克隆（cloning）工作來愚弄自然生育過程，這種關係會變得更好嗎？目睹近年來人類經歷的自然災害，是時候吸取教訓，承認我們畢竟只是地球上的生物之一，承擔起管家的職責，相互享受但要修補，確保人與自然的和諧相處。人類生活和環境不是兩個獨立的事物。他們有著共同的命運。必須振興以責任和委身承諾爲基礎的新倫理，以便保護生命，恢復自然環境的美麗。

參考文獻

1. Sheridan CL, Radmacher SA: *Health Psychology*. New Jersey: John Wiley & Sons, 1991: 29
2. ibid: 31
3. Psalms 104
4. Isaiah 11: 6-9
5. From "Strange Days" by "The Doors". Elektra EKS 74014. Copyright, Polydon Records Ltd.
6. Carlin J: Global Warming: A Battle for Survival. In Inside out, London: Council for World Mission. April/May 2005: 10-13
7. Schaeffer FA: *Pollution and the Death of Man*. Wheaton Ill: Tyndal House, 1970: 17
8. Passmore J: *Man's Responsibility for Nature*. London: Duckworth, 1974: 5
9. Schaffer F. A. op.cit: 10
10. Rhoads M: *Man and Nature in China*. See Passmore J: ibid: 27
11. White L Jr: The Historical Roots of Our Ecological Crisis. *Science*. 1967. See www.zbi.ee/~kalevi/lwhite.htm
12. Tai MC: *Between Ecology and Theology*. Taipei: Yiongwang, 1985: 98

13. Marsh GP: Man and Nature. Cambridge, MA:Harvard University Press, 1967: 43

14. Freud S: *Civilization and Its Discontent*. New York: Penguin Modern Classis, 1984: 11

15. Tai MC: Value Neutrality and a Bioethics of Conscience in *Tzu Chi Med J* 2005. 17. No.5

16. Reich C: *The Greening of America*. New York: Randons House, 1970: 28-29

第十七章　未來即都城——
都會生命倫理學觀點

　　世界人民在二次大戰後逐漸往城市移動，特別在 20 世紀末期都會區人口的膨脹達到空前，造成鄉村的式微，年輕人往都市集中，都會地區無法即時消化這個都市化的現象，不但造成生態的浩劫，也在新移民的環境衛生上亂象叢生。未來的城市將與現今的城市有所不同，不僅在硬體建設中，而且在支持硬體生存的軟體設備方面都一樣問題重重。生命倫理學如果關心人類生活的福祉，實現人類與自然之間的和諧關係，應該思考未來的城市絕不能發展爲僅僅是人們的聚集地，而應該將城市設計爲融入全球生態的系統裡。

　　自工業革命以來，在城市擴張的整個過程中，發展的可持續性一直被忽視，直到二十世紀中葉，各種汙染迫使人類重新考慮其與自然界的關係。因此，「發展的可續性」（Development Sustainability）一詞應運而生，強調在不損害自然之自我補充能力的情況下，滿足人類需求的永續發展。1987 年，聯合國教科文組織的 Brundtland 報告正式將這一可續發展的概念描述爲「在不損害後代子孫自身發展的情況下，來滿足當前的需求」。[1]

　　第二次世界大戰後，前所未有的經濟繁榮提高了全球生活的水平。隨著環境危機開始出現，人類被迫重新思考他們對經濟成長率和發展，對整個世界，包含現在與未來的影響。爲了更好的生活條件和工作機會，人們搬到了城市，隨著城市化進程的須要，加劇了森林之砍伐和土地的開發，但卻也逐漸造成生態之破壞。Van Rensselaer Potter 在 1971 年出版的《生命倫理學——通往未來的橋梁》（*Bioethics: Bridge to the Future*）一書中

表示，「人類生命倫理學離不開對生態學的現實理解」。[2]「生命倫理」
這個詞最早是由德國的 Fritz Jahr 於 1926 年使用的，他呼籲尊重地球上的
每一個生命，並謹慎對待它。Jahr 認爲，新的科學和技術必須需要新的倫
理和哲學反思，並要求土地倫理和動物倫理。面對城市擴張破壞自然環境
的現實，人們開始關注的聲音浮出檯面，宣導一種新的城市生命倫理學，
在開發過程中保護未來、修復和恢復自然資源。

未來即都城

「未來即都城」（The Future Is Urban）是一篇有趣文章的標題，介紹
了加拿大 Concordia 大學城市未來研究所，由 Damon van der Linde 和該研
究所所長 Shauna Janssen 教授撰寫。該研究所探索了城市規劃，娛樂和健
康等經常分開的領域之間的連繫，主張城市不應該是孤立的實體，而應該
是全球生態系統的組成部分，並且必須可續地設計，以地球生命系統的健
康和完整性可能再生爲目的。[3]

對於生態可續的城市，建議在城市規劃中要有下列的認知意識：

1. 城市邊界的擴張和過去發展的城市化進程中我們發現人們不再與地球
   自然連繫在一起。
2. 未來的城市規劃必須將社會與自然世界連繫起來。
3. 城市居民必須進行整體設計，以滿足人類的所有需求，並且不得剝奪
   其他物種的生存權。

「未來即都城」描述了城市化是一種發展趨勢的事實，爲了創造一
個可持續的未來，必須強調尊重自然和我們生活環境的新意識。城市居民
不應將自己與自然隔離開來，而必須帶來新的理解，即城市不是孤立的實
體，而是全球生態系統的一部分。城市是可以設計成再生健康並融入地球
之生命系統的。

沙鄉年鑑

Aldo Leopold 所寫的散文集《沙鄉年鑑》（*A Sand County Almanac*）於1949年在他死後出版。利奧波德每月都分享了他的見解，揭示了他「土地倫理」的思想，用他在威斯康辛州 120 英畝農場度過的一年之經驗，呼籲人們要在與土地建立負責任的關係。這本書被認為是美國環保運動的里程碑，它解釋了利奧波德的信念，即人類應該對環境有道德上的尊重。任何試圖傷害它的行為都被認為是不合乎倫理的。

Aldo Leopold 的「土地倫理」（land ethics）是他的哲學闡述，「當一件事傾向於保持生物群的完整性、穩定性和美麗時，就是正確的。當它傾向相反的情況時，就是錯誤的。」[4] 這本書在 20 世紀 60 年代的環境保護運動中產生了巨大的影響。土地倫理是關於人類應該如何與土地連繫的哲學框架。他認為，「如果我們的求知取向，智力重點、忠誠度、感情和信念不加以改變，就不可能實現倫理學的重大變革。」[5] 這是現今迫切需要新的一種處理人類與土地以及生長在土地上的動植物之關係的新倫理學。[6] 在生態良知部分，他寫道：「環保是保持人與土地之間的和諧狀態。」[7] 他認為土地不是一種可以擁有的商品，相反，人類必須與地球互相尊重，以免破壞它。他哲理性的主張，如果人類失去了漫遊在大地原貌的野生空間，就不再自由。用他的話說，「土地倫理擴大了社區的邊界，包括土壤、水、植物和動物……就是大地。」我們應該像對待我們的男女同胞一樣尊重和保護這片土地。這種新的倫理是「社會進化的產物，因為沒有比這個更重要的東西應該被『記錄』下來」。[8]

利奧波德將他的倫理與對舊約中教導人類征服自然界的這個有爭議的解釋進行了對比。他覺得大自然的驚人之美可確定是神聖造物主存在的證據，但他堅持人類有責任保護地球。他感覺到人類與自然的關係中有一種

精神價值。他說：「談論與土地的倫理關係時，如果沒有對土地的熱愛、尊重和欽佩，以及對土地價值的高度尊重，是件不可思議的事。我說的價值，當然是指比單純的經濟價值更廣泛的東西。我指的是哲學意義上的價值。」[9] 他建議社會應重新思考如何維持人和土地之間的和諧關係。土地倫理改變了人類的角色，從土地社區的征服者轉變爲土地社區的普通成員和公民。這意味著人應該尊重他們的同胞和社區。他還主張，物種應有生命的權利，繼續生存下去，人類該遵守和遵循生態系統內的規則和法律。利奧波德提供了一種基於生態的土地倫理，嚴格拒絕以人爲本的環境觀，並專注於保護健康，自我更新的生態系統。《沙鄉年鑑》這本書是第一個系統地介紹以生態爲中心的環境方法。在 20 世紀後期，他的生態環境關懷繼續受到歡迎和認可。[10]

城市生命倫理學

〈應用生命倫理學於城市環境中〉（Adapting Bioethics to the Urban Context）一文是 Jeffrey Blustein 教授和 Alan Fleischman 博士於 2004 年撰寫的。雖然這篇文章發表於 21 世紀初期，但它爲城市生命倫理學提供了一個基本框架，至今仍具有影響力。文章指出，城市生命倫理學挑戰傳統的生命倫理學，將其範圍從醫療健康問題擴大到公共利益，以維護家庭、社區和社會的利益。在城市生命倫理學中，城市生活有三個特徵必須加以考慮：密度、多樣性和差異。他們認爲，這三個特徵影響著城市人口的健康，在城市中心的發展中不能忽視。

該文將城市生命倫理學歸類爲「生命倫理學學科內的一個研究領域，側重於與醫學、科學、醫療保健和城市環境中通常出現的環境相關的倫理、問題和衝突。」[11] Blustein 和 Fleischman 區分了城市倫理、醫療保健

和環境關注的兩個主要領域，要求關注城市發展中對環境之衝擊所產生的後果。很好的例子就是當今天面對新冠肺炎疫情時，保持社交距離以避免過度擁擠以防止冠狀病毒的傳播之重要性。由於聚集的地方擁擠不堪，人們圍堵在狹窄的地域可能會造成許多健康威脅。他們說「城市生活的密度使城市內任何群體的健康相關問題成為所有居民的嚴重憂慮。」[12]

　都城化有一個多樣性個現象，就是城市裡有不同文化和種族背景的人們聚在一個小區域內。通常，同一背景人群會集結於同一地點，創建諸如大都會的中國城或義大利區。多樣性和差異性是城市貧民的普遍現象。城市生命倫理學旨在了解這些現象，如果可能的話，找到提供解決方案的方法。城市生命倫理學與公共衛生倫理學、臨床倫理學、制度倫理學等其他生命倫理學領域重疊，但城市倫理學旨在將注意力集中在城市環境中被忽視的生命倫理學問題上。[13]

城市化已成為現實

　聯合國計算出，到 2008 年底，世界人口的一半將居住在城市地區，並預測到 2050 年，約 68% 的發展中國家和 86% 的已開發國家將實現城市化。[14] 大量人口聚集在市中心會形成城市中的城市，各個以相對較小的各別區域出現。城市生活為人們提供了許多便利，例如就業機會、更好的醫療保健設施、娛樂和文化活動以及教育方便性。然而，人們搬到城市不僅僅是因為只是了為尋求更好的未來，他們往往別無選擇，只能為了生存而搬家。對於尋求更美好世界的弱小人民來說，他們通常擠在同一個已經擁擠的地區，從而創造一種新的貧民窟。為了解決這個問題，必須透過砍伐森林和開墾荒地來耕種大量土地，以創造生活區並建造工廠、學校設施和醫療機構……這些不僅會破壞生態系統的平衡，還會剝奪動物的棲息

地，迫使牠們搬到可能不適合牠們的地方。

　　把一個家族從可能已經生活了數百年的熟悉環境轉移到一個陌生而擁擠的城市，根除了新住民的社會關係。這些家庭的老成員往往被遺棄在偏遠的村莊，從而阻礙了家庭的緊密凝聚力。因此，城市化現象對空氣汙染、水汙染、人口擁擠、貧民窟形成、人類孤立和動物失去棲息地……等具有許多影響。有些人可能由於生活品質被剝奪和償債壓力造成以貧困方式過活再而失去身體健康，此外，還可能因工作使社會連繫變成有限，或在沒有社會連繫的陌生城市而失去社會支持網絡。今天的醫學科學已經證實了社會關係及其凝聚力對一個人健康和福祉的重要性。沒有這種親情力和支持，人們可能比預期的更快地枯萎和消亡。[15] 遷徙的人實際上變成了「孤獨的人群」，成為無根孤單的人生活在陌生人間。

　　城市化在現今的社會是一股不可避免的浪潮。為了確保這種發展不會在人類痛苦和環境開發的成本中發芽，城市生命倫理學必須在城市發展中發揮作用。必須倡導在城市中心保持密切的人際關係，以便以可持續發展的概念，來保護和恢復生活。城市規劃必須基於城市生命倫理學的基礎，維護人類親情力和尊重所有生物（包括動物和植物）的價值觀。

　　有三個問題是社會經濟的發展所造成的，就是健康的不平衡，不均等的公共衛生基礎及社會背景對患者和醫生之間治療夥伴關係的影響。在城市背景下，文化敏感度的需求是明顯的，必須迫使我們去重新審視生命倫理學對個人自主的核心承諾。城市生活的多元文化主義，主張以對話的方式解決生命倫理問題，而不是以單一的看法去試圖涵蓋不同的生命倫理思維。

生命倫理上可行的城市

　　什麼樣的市中心在生命倫理學的觀點上是可行的？從我們之前討論的文獻綜述中，我們了解到，要應對新情勢來設計一個理想的新市中心需要我們關注不同的領域，以創建一個生態上可行、文化上友好且經濟上負擔得起的新城市中心。

　　世界衛生組織將健康定義爲「完全的身體、精神和社會福祉的狀態，而不僅僅是沒有疾病或虛弱。」[16] 爲了促進健康的生活，一個生命倫理學上可行的市中心需從環境、體魄、健康和社會因素的形成來考慮，這些因素會影響人類和大地的福祉。換句話說，它的規劃必需要是整體的。在維護人類親和力和尊重，包括動物和植物在內的所有生物的價值觀時，Fritz Jahr 呼籲「尊重每一個生物，並將其本身作爲目的，盡可能的親切對待它。」[17] 因此，一個生命倫理學上可行的城市，在規劃中必須考慮一些有關人類福祉和生態平衡的特殊措施，例如土地供應問題、新城市的基礎設施、生態系統、文化、衛生和教育領域。城市生命倫理學要求尊重生命、發展的可續性和責任。這提醒我們傾聽大自然的聲音，並擁有智慧，知道人類只能在與宇宙的節奏保持一致及和諧時才能眞正茁壯成長。

　　城市生命倫理學必須關注城市多元化環境中的困境，應該爲衛生專業人員、政策制定者、社會科學家和其他人提供思想資訊，從綜合的角度促進道德上負責任的措施。[18] 這裡建議一個涵蓋身體（物理）、心理、社會和環境領域的生命倫理可行城市制定標準：

1. 寬闊鋪砌的道路和路燈，不僅允許汽車，而且允許行人安全地移動。（物理領域）
2. 公園和兒童遊樂場，周圍有樹木。（物理和社會領域）
3. 綠色區域，如紐約中央公園，樹木爲鳥類等提供居住區，以提高所有

生物的生活品質。（物理、社會和環境領域）

4. 便利的公共交通系統。（物理和社會領域）

5. 街道採用方形圖案設計，便於進入和識別。（物理領域）

6. 汙水系統和處理廠，在釋放前處理所有廢水（物理和環境領域）

7. 發電廠提供電力，不是基於核能或煤炭，而是基於風能或太陽能等自然手段……等（物理和環境領域）

8. 垃圾／廢料回收處理設施（物理和環境領域）

9. 社區健康中心／診所，包括諮詢服務。（身體和精神領域）

10.圖書館（心理領域）

11.博物館、美術館等文化中心……等（心理和社會領域）

12.娛樂中心，包括兒童遊樂場和體育館，人們可以在這裡鍛鍊身體並聚集在一起觀遊放鬆（身體，心理和社會領域）

13.應建立公共教育制度，實現人人機會均等。（心理和社會領域）

14.公共住房爲移民提供負擔得起的住宿，避免貧民窟或同民區如唐人區，希臘人區之形成。融合促進相互接受和尊重。（物理和社會領域）

15.老人之家和關愛計畫。（物理和社會領域）

16.地方警局和消防部門。（物理和社會領域）

17.教堂、猶太教堂、清眞寺、佛堂寺廟……等精神機構。（心理和社會領域）

18.現場自行車租賃，減少汽車廢氣，促進騎行方便。（實體和社會領域）

19.要求從政人員，含市府官員、公務員和衛生專業人員每年至少接受六小時的生命倫理學持續教育。（心理和社會領域）

老子陰陽理論在生命倫理學中的啓示

　　中國道家哲學的創始人老子的學說教導說，理想的生活方式是遵循自然的。道家哲學假設宇宙包含兩極穩力，即陰陽不斷之運行移動。當這兩種力量達到平衡時，就會有和諧與幸福。將這一思想應用於城市發展，當城市中心的陰陽元素相互作用時，其中的所有人都將受益。[19] 陰的力量表現如女性化的原理，其特徵爲緩慢、柔軟、屈服、擴散、寒冷、潮濕和被動……。陽的力量堅硬、堅固、集中、炎熱、乾燥和活躍有關。一個與水、地球、月亮、女性氣質……和夜間、黑暗、潮濕、寒冷、被動……有關，另一個則與火、天空、太陽，和男性氣質……與白天、陽光明媚……有關。陰陽是作爲一個相互整體的一部分，連繫在一起的，例如，沒有頂部就不可能有腳底，或者當有一個只有男人或只有女人的人類種族時，這個種族將在一代人後消失，男人和女人一起創造了新一代，他們一起共同創造的了人類的生存。陰陽相互轉化，相互完善，其他生物亦同。

　　一個城市的硬結構是陽的，提供的服務方案是陰。對道家來說，人性化和協調是我們必須追求的兩個目標。如果城市中心與自然和諧相處，那麼所有眾生之身體健康和幸福生活就會得到保證。與自然一起流動是人類生命的最終目標與終點，這就是幸福。[19] 城市生命倫理學必須考慮一個城市是否相互提供這兩個要素，即陽的城市規劃和陰的服務計畫，可供居住者使用。

　　城市生命倫理學要求尊重生命、發展的可持續性和責任。未來的城市發展必須牢記這些原則，即我們作爲人類必須成爲地球負責任的管家，在不破壞自然規則的情況下認眞傾聽自然的聲音。只有當我們與宇宙的節奏保持一致並和諧相處時，一個新的現代城市才能成爲所有人的舒適家園。

結語

　　城市化是世界將不斷發展的現實。全球一半以上的人口現在生活在城市地區，我們注意到那裡的居住密度、多樣性和差異。特大城市在上個世紀不斷擴張，對人類福祉和生態平衡的影響更大。因此，設計一個生命倫理上可行的城市的想法不容忽視和拖延。它可以是人與自然之間的和解，「……追求人與人、種族與種族、教義與教義、人與自然之間的和平與和諧……爲了一種友好與友善的關係。」[20] 一個生命倫理上可行的城市將證明人類正在朝著地球上的植物、土地、風、水和動物等所有生物之間相互尊重的氛圍邁進。

參考文獻

1. Michelle E. Jarvie: Publication by World Commission on Environment and Development. See: https://www.britannica.com/topic/Brundtland-Report
2. Potter Van R: Bioethics: Bridge to the Future. Prentice Hall Inc, Eaglewood, N.J. 1971: vii
3. Van derLinde D :The Future Is Urban, University Magazine, Concordia, Montreal, Canada; Concordia University Press, 2018: 24
4. Leopold Aldo: *A Sand County Almanac*. New York: Oxford University Press, 1949: 224-225
5. ibid: 209
6. ibid: 207
7. ibid: 204
8. ibid: 225
9. ibid: 223
10. DesJardins, Joseph R. *Environmental Ethics: An Introduction to*

Environmental Philosophy, 5th ed. Boston: Wadsworth, 2013: 179

11. Blustein Jeffrey, Fleischman Alan: Urban Bioethics: Adapting Bioethics to the Urban Context. *Academic Medicine*: Decemeber, Vol 79, issue 12, 2004: 1198

12. ibid: 1203

13. Jeffrey Blustein: Setting the agenda for urban bioethics, *Journal of Urban Health*, volume 78, 2001: 7-20

14. World Population Prospects, Department of Economics and Social Affairs. Population Dynamics, Office of the Director, Population Division, United Nation, 2019

15. Umberson D, Montez JK: Social Relationships and Health, A Flashpoint for Health Policy, *Journal of Health Soc Behav*, 51 (1), 2010: 54-66

16. World Health Organization: Constitution of the WHO as adopted by the International Health Conference, New York, 19-22 June, 1946. Official Records of the World Health Organization No.2 1948: 100

17. Jahr F: Essays in Bioethics 1924-1948, Zurich; Lit Verlag Ag Gmb H & Co, 2013: 20-21

18. Tai MC: *The Way of Asian Bioethics*, Taipei; Princeton International Press, 2008: 16

19. Chan WT: *A Source Book in Chinese Philosophy*, Princeton New Jersey; Princeton University Press, 1963: 163ff

20. Tai, MC: Bioethics of Reconciliation in *Austin Anthropology* Vol 3, No.1, 2019: 5

第五篇　倫理抉擇的方法與當務之急

第十八章 生命倫理使命的呼籲與倫理抉擇的模式

　　新時代的醫學不只要醫治身體的病，也要注意人的心理與社會適應狀況。這就是全人醫學的關心。WHO 對健康新的定義是：「健康不單是沒有疾病與失能，而是要完全在身體、心理與社會生活方面的完好。它可分為三種狀態；第一種為身心健康的狀態；第二種是生病的狀態；第三種是介於二者之間的狀態」。全人醫學的強調也成為生命醫學倫理的主要關心，除了醫病外，也要醫心及醫全人。所以 Fritz Jahr 提出生命倫理的使命（bioethical imperative）：要敬重所有的生命存在，視它為根本之目的並盡所能加以醫治（Respect every living being on principle as an end and treat it if possible as such.）。

　　如何敬重呢？這就是生命倫理的重點，用謹慎的態度，促進真善美義在生命中的落實。人在生活境域多種的選擇中，用信，望，愛的意念，找到最適合的抉擇。因為是真，所以我相信；是善，所以我仰望；是美，所以我喜愛；是義，所以我選擇（I believe because it is true. I hope because it is good. I love because it is beautiful. I choose because it is right），這就是全人的生活態度，也是希利尼文化，希伯萊文化，東方擇善而固執之文化精粹的總合表現。

個案

　　茲提出幾個個案讓大家來思考。從你對下列問題的回答可以知曉你的

倫理態度。假設這些問題是你的朋友或病人向你請教，你可先提出你的看法，後來再從下面介紹不同的倫理判斷思考與方法來加以比較。所有的回答都有它參考的價值，特別在 21 世紀已經沒有所謂絕對的答案的時候，每一個理性的思考都有其因由。

案例 1

　　一名婦女因胃痛進入急診室。她接受了 CT 電腦斷層掃描並被診斷出患有腹主動脈瘤，這是主動脈壁的弱化，導致其伸展和膨脹。醫生告訴她，解決這個問題的唯一方法是手術，並且存活的機會大約是 50/50，也告訴她時間至關重要，如果動脈瘤破裂，她將在短短幾分鐘內死亡。那個女人是個脫衣舞者；她擔心手術會留下疤痕，對她的工作產生負面影響，因此，她拒絕任何手術治療。即使在醫生的壓力下，她也堅決拒絕手術。外科醫生感覺該婦女的精神狀態不穩定，並且知道時間至關重要，因此決定在未經同意的情況下進行手術。他們對她進行麻醉並透過手術修復動脈瘤。她活了下來，但卻提出告訴。

問題：你相信醫生的作為是正確的嗎？大部分的人會從自主權來思考，但不要忘了醫學鼻祖希波克拉底的強調是，「不可傷害」與「病人利益」。當理確信病人的選擇不是最佳利益時，如果你是一名醫護人員，你會怎麼做？

案例 2

　　一名 20 歲、懷孕的西班牙裔黑人女性在一次單車車禍後被送往急診室，情況危急。她有出內出血的跡象和症狀，醫生建議進行輸血和緊急手術，以挽救她和胎兒。她拒絕接受血液或血液製品，也拒絕接受手術。她的拒絕是基於對輸血的恐懼，因為她相信別人的血液會危害到她的胎兒。

問題：尊重患者的自主權並妥協護理標準，還是忽略患者的意願以挽救她的生命？

案例 3

有位從越南嫁到臺灣的婦女，於懷孕 31 週時，在婦產科診所由超音波檢查出胎兒腦部畸形。家屬想放棄這個胎兒，在懷孕 32 週時引產，產下一名體重 1950 公克的女嬰，頭部後方有個大腫塊。在婦產科診所等待嬰兒夭折，並預備料理後事，誰知這嬰兒的生命力竟然很強，至隔天生命徵象仍然很好，但頭後腫塊開始潰爛而流出血水，婦產科醫師於心不忍，就把嬰兒轉診至某醫學中心作進一步的檢查與治療。經 MRI 檢查，發現嚴重的腦與脊髓膨出（encephal omeningocele），且合併大葉性空腦症（albobar holoprosencephaly）。由於腫塊的外皮潰爛，若不及早手術，恐會引發嚴重的中樞神經系統感染症。緊急會診神經外科，神外醫師表示：要切除腫塊並不難，但大葉性空腦症將會使這小孩有嚴重智障。小孩的父親是位建築工人，受到建築業不景氣的影響，工作不穩定，經濟狀況不佳，對於是否保有這個小孩，一直猶豫不決。經過二十天左右，才同意動手術，切除腫塊，但大葉性空腦症不是醫療技術所能修復。這病嬰在術後生命徵象穩定，看起來可以一直活下去。

問題：(1) 當時要不要對家屬講明乾脆放棄，不要手術，否則即使救活，仍是嚴重智障，是家屬長期負擔。(2) 不開刀，則預期很快就會有嚴重中樞神經系統感染症，小孩即將喪命，讓這個年輕的住院醫師覺得良心不安！(3) 嬰兒救起來了，但往後的日子，這個知識水準不高，經濟不穩定的家庭不知如何妥善照顧這個嚴重智障的小孩？

案例 4

　　一對夫妻不孕，但在傳續家族香火，傳宗接代的壓力下，很想要有留有父親基因的孩子。丈夫想找一位捐卵的婦女來生產，但太太反對，擔心這樣會影響夫妻關係，又有第三者出現在以後的生活中，夫婦產生爭論來找你協談，你的見解如何？

問題：這是傳統壓力與自主權的衝突，也是維持婚姻中可能產生的困難。

　　這個案例明顯點出醫學倫理包含社會制約的思考，不全然是醫療上的問題而已。

案例 5

　　一名 63 歲的女性患忽然嚴重中風，任何顯著康復的預後都很差。如果繼續進行重大醫治，她還能活命但可能嚴重殘疾。她的兩個孩子確信她不想在這種情況下生存，寧願歸去。他們要求停止治療。然而，第三個女兒堅持要繼續治療，因為她相信人的生命是神聖的，只要有機會都應努力。他們請教你是否應該繼續治療？

倫理的抉擇模式

　　倫理在過去被認為是一種道德傳統與勸說，但在現今它是一門探討如何做最好決定的學問。每一個文化都有它的理念與教導，一般來說人們的作法通常以傳統或社會主流慣例為依歸。但現今人之自我意識提升，自主權成為個人決定之依據後，傳統的力量式微，什麼是合乎倫理的決定變成模糊。

　　在生命醫學倫理的決定過程中基本上是以倫理理念來思考作選擇。主要有三個重點不同的強調模式：

一、重結果的功利主義觀點

這種思考主導了當前商業、管理和經濟學上的許多抉擇。Jeremy Bentham 被認爲是功利主義的創始人，而 John Stuart Mill 的《論自由與功利主義》論述成爲結果論的指南。功利主義強調的不是原則，而是結果。如果一個行爲能夠最大限度地提高整個社會的幸福感或快樂，那麼它通常被認爲是好的或正確的。功利主義觀點最初是在給那些負責爲社會謀求最大利益的掌權者提供指導，但在個人的抉擇上也成爲是一個指導方向。雖然這是依最多的人之利益爲前提，但也成爲個人主義依個人喜好與最大快樂作抉擇之憑據。

二、重職責的道義主義或義務責任論

與功利主義觀點相反，康德（Kant）主張擁有道德情操並遵循正確的規則理念比獲得自我期望的結果是更好的道德行爲。康德相信道德行爲源於履行職責，而職責是由理性思維定義的。根據康德的觀點，義務不是只有會思索本身負有某種責任之類型的人才有，而是普遍地所有人都有不同應負的責任義務。因此，康德使用「普遍化」作爲一種理性思維的形式，它假定所有人的內在都平等，不只身體、社會或經濟意義上，而且在上帝面前平等，無論他們是男性、女性、侏儒、愛斯基摩人、伊斯蘭教、基督教、同性戀、異性戀、健康、生病、年輕還是年老，道義的要求是普世的。主張責任義務的倫理學家認爲天生的責任義務不會因時空的不同而改變，那是普世的，不會在不同的時間與地點而有所迥異，比方說一位父親要養兒育女，醫生要救助病人等等。

三、美德或德性論

德行（性）理論或美德倫理學在過去 20 年中受到越來越多的關注，

它與功利主義和道義論的倫理學方法形成鮮明對比。德性理論強調美德的價值，不以正式的規則或有用的結果來左右抉擇，它是道德情操的強調。希臘亞里斯多德是倡導個人性格中某些品質或美德價值的重要性高於其他的哲學家。亞里斯多德認爲人類存在的目標是積極、理性地追求卓越，而卓越需要誠實、勇氣、眞實、節制、良善和高尙的個人德行。

　得到幸福快樂可能是我們的最終目標，但這究竟意味著什麼？亞里斯多德拒絕將財富、物質享樂和外在名譽做爲人生追求的目標，理性是人類的顯著特徵，既然人是理性的動物，幸福就必須與理性連繫在一起。因此，幸福是根據理性的遵循之結果。理性的屢行將導致卓越，因此幸福可以定義爲積極、理性地追求個人美德。亞里士多德列舉了多種美德：勇氣、節制、好施、良善、溫柔、眞實、謙虛，正義等。一個倫理的決定就是提升美德的努力之過程。

　這些倫理抉擇的步驟可簡述如下：

1. 重視結果的倫理

(1)描述問題

(2)列出解決方案

(3)將解決方案與實用程序進行比較

(4)對所得結果之排名

(5)選擇一個最好的答案

2. 責任導向的倫理：

(1)描述問題

(2)列出解決方案

(3)將解決方案與原則（principles）進行比較

(4)對原則進行排名

(5)選擇一個最好的答案

3. 面向美德的倫理

(1)描述問題

(2)列出解決方案

(3)將解決方案與傳統教導進行比較

(4)德行之比重排名

(5)選擇一個最好的答案

4. 其他模式

(1) Four Box（四象）模式

　　美國西雅圖的研究團隊，在曾任天主教神父的 Albert Josen 的領導下，提出了四象模式（Four Box Model）的考慮方案，在臺灣大部分的醫院用此方法來作選擇，它由四個面向來思考選擇，即：醫療指標、病人意願、生活品質及情境特性：

　　a. 醫療指標（Medical Indication）：患者所得之疾病的診斷是什麼／預後以及治療的風險／益處又是什麼？

　　b. 病人的意願（Patient's Preference）：病人是否知曉病情？他的願望是什麼？有沒有身智能力作出自由之抉擇並同意？

　　c. 生活品質（Quality of Life）：治療後對患者的影響？往後之生活情況將會如何？

　　d. 情境特性：有無利益衝突？誰的利益將受影響？代價若何？法律的規定是什麼？

(2) Bochum 問卷

美國 Georgetown 大學倫理中心歐洲組主任 Hans-Martin Sass 及其同事開發了一種清單方法稱爲 Bochum Questionnaire 用於醫學倫理實踐。這種方法由問卷找出當事人之意向，並從醫學科學診斷和醫學倫理分析考慮，提供臨床決策指南。Sass 解釋說：「……這是一份正式的問卷，用於評估患者的價值觀和願望，並用於整合醫療診斷和價值判斷，爲個體化醫療之醫療倫理檢查表，來協助找出在個別情況下得到保護和治療。」這種方法考慮了三個關鍵問題：

a. 可用的科學醫學選擇有哪些？

b. 什麼樣的治療是最佳的醫療，有無倫理困境？

c. 評估所做出的醫療決定有何風險和危害？

(3) 中國諸家

除了西方的倫理討論外，中國古代諸家也有他們選擇的方法及決策步驟，我們可以來參考：

儒家：

a. 描述問題。

b. 列出解決方案。

c. 一家之主以家之立場決定最能維護「仁」的選擇。

d. 這是正確答案。

道家：

a. 描述問題。

b. 列出解決方案。

c. 選擇「最合乎自然、最眞實」的解決方案，順「道」即合乎倫理。

d. 這是正確答案。

墨家：

a. 描述問題。

b. 列出解決方案。

c. 找到為所有人創造「最大利益」的選擇。

d. 這是正確答案。

中國的不同學派以各自之主要強調來做抉擇的標準，儒家重仁，道家重自然墨家重利益。

(4) 情理法，或稱三維方法（Three Dimensional Approach）

傳統上一般還有用情理法為本位的判斷，這種方法用情況，合理及社會規範為判斷的依據。我把它稱為三維方法。如果找不到答案，最後則訴諸法律。這個過程之遵循是：

a. 檢查情況和動機，合乎處境的就可抉擇。

b. 處境的論述不能合適，則以合理性化及與禮儀做評估。

c. 以情，以理皆不通，則訴諸法律。

這個普行的考慮首要是論動機，情境，再則以合理性及傳統做事的方式來評量，最後則以法律為最終仲裁。這三個三維方法以慈悲（仁），義理及法律為決定的依據。

(5) 致良知的良心化

人類也有由良心來做判斷的，朱熹的致良知就是一例。一般人都喜歡說：「我憑我的良心」。這也是一種直覺（instinct）的反射。直覺是一種自然意識之反應，對事情有直接的感受。但這個直覺必須要有與良心的本源連結的才有意義。人類真的有良知嗎？這也是神學上的問題。人若有良心，表示人與創造主上帝之間尚有連接。這個連接的可能性建立在上帝以「祂的形像」（Imago Dei）創造人類的事實上，人因為有神的形象，所以有良心，那是上帝在人心烙印有神的本質，與「原善」，

「原義」（Original Goodness/Righteousness）的接連，雖然人的墜落，就是始祖亞當的犯罪，使人本有的上帝之形像失落。但人尚有這個原善與義嗎？神學家對人是否完全失去 Imago Dei 的看法不盡相同，奧古斯丁（St. Augustine）斷言上帝的形象確實在墮落中消失了。在墮落之後和重生之前，上帝形象不僅玷汙變形，而且被摧毀。馬丁・路德（Martin Luther）相信，由於亞當的墮落，人類完全失去了上帝的形象，只有透過信仰稱義才能恢復。馬丁・路德宣稱：「我擔心，由於我們因罪而失去了這個形象，所以我們無法在任何程度上理解它。」約翰・加爾文（John Calvin）認為神之形象的確某些部分在墜落時丟失了，但它的碎片仍然以某種形式存在。20 世紀的加爾文神學家 Louis Berkhof 認為，上帝的形象確實已經被玷汙，即被罪寵壞了，但不是完全失去。阿奎那（Thomas Aquinas）認為上帝的形象尚存在於人類之中，只要人類對上帝形象有追求的反應，形象就能在人類中再呈現。也就是人類的聖潔在墮落之後消失了，儘管自由意志和理性仍然存在。

　　我們可以說良心存在於人心的深處。只要原本的義與善尚存，良心的發現是可能的。所以只要能與原本的善加以連接，以良知來做倫理判斷應在人間尚有可能。

　　數年前過世的現代醫學哲學大師，也是醫學倫理學家，耶魯大學醫學院的教授 Sherwin Nuland 在一次與我的對談中強調生命醫學倫理須要找回人類的原善與義（Return to the Original Righteousness and Goodness of Humankind.）。Nuland 做為現代的醫學倫理學家界又是一位猶太人能有如此的見地實在難得。這提醒我們理性或目的論的主張都有它的缺點。在世間似乎沒有一個完全的倫理選擇，所以人必須承認自己的有限性，回到原善。

結語──該如何做倫理抉擇呢？

西方世界受基督教（含天主教）之影響，很多保守派倫理決策的指引就是聖經。舊約的律法，如十誡，新約耶穌新的誡命，都是基督徒行事的準則。但基督教與天主教強調重點有些微差異，不同神學理念的解釋也不盡相似。天主教對生命神聖性及創造中的秩序（Creational Order）或是說自然律（Natural Law），有它的堅持。生命的神聖性源自上帝以祂的形象（Imago Dei）創造人類，所以人的生命神聖有尊嚴。新教由上帝賞賜予人的自由意志，延生對「人權」的重視。清教徒對人權及自由選擇有強大的信念。基督徒敬拜上帝的方式是人與上帝各別關係的表現。人權是人具有 Imago Dei 的表徵。從這個神的形象告訴我們，人的尊嚴不容侵犯，因之自由人權應被尊重。

這三個神學的概念都是基督信仰之基礎。不過人的人權又是什麼？其實人權必須在創造中的秩序或說自然律下來確認與實踐才有意義。換句話說，人權不能脫出創造中的規律，宇宙中有其運行的原則，我們不能不遵守自然法則，超出創造中的秩序（Creational Order）是否就是違背自然之道，也違背上帝的旨意？人類的科技已經能突破自然原則，但不可忘卻，自然一定會反撲。尊重上帝創造的主權是生命倫理重要的一環。

科技的進步不會停止，但我們要切記人所作的將不會完全，所以繼續思考、對話，檢討，反省是倫理學要時時警醒的事。科技本身是中性的，它本身不會作出倫理判斷，只會遵循主控者的指示。所以人類必須認識人的責任，神學界、哲學界、社會學界等在科技的發展中必須參與提供倫理的指引之討論，才不會產生人類自我毀滅的事。

參考文獻

1. Schwartz A, Bergus G. *Medical decision making: a physician's guide*. New York: Cambridge University Press, 2008

2. http://www.en.wikipedia.org/wiki/Decision-making

3. *Merriam-webster's dictionary and thesaurus*. Springfield, Massachusetts

4. Chapman GB, Sonnenberg FA. *Decision making in health care: theory, psychology, and applications*. New York: Cambridge University Press, 2000

5. Hunink MGM, Glasziou P, Siegel J et al. *Decision making in health and medicine: integrating evidence and values*. New York: Cambridge University Press, 2001

6. Gigerenzer G, Muir Gray JA, eds. *Better doctors, better patients, better decisions: envisioning health care 2020*. Cambridge, Massachusetts: MIT Press, 2013

7. Saba GW, Wong ST, Schillinger D et al. *Shared decision making and the experience of partnership in primary care*. Ann Fam Med 2006; 4: 54-62

8. Fowler FJ, Gerstein BS, Barry MJ. *How patient centred are medical decisions?: results of a national survey*. JAMA Intern Med 2013; 173: 1215-21

9. Tai, MC. *Harmonizing Bioethics*. Iit Verlag, Germany: 2019

10. Tai, MC. *The Way of Asian Bioethics*. Princeton International. Taipei. 2009

第十九章　生命倫理學的當務之急

當 Van Potter 提出生命倫理的構想時，就說人類的倫理學應從最廣泛的生態來開始。[1] 他認為完整的生命學不只要關心所有的生命存在，也要了解他們的處境。[2] 但談起生命倫理當務之急的卻是 Fritz Jahr。[3]

生命倫理學其實是一門邊際整合科學，其所探討的有問題與生命醫學、公衛、生物環境、社會、心理、哲學、神學，法律等都會有關聯，所以國際上參與生命倫理學之討論的有醫學家、哲學家、社會學家、心理學、神學家，法學家……大家從不同觀點來共思關係生命之難題。但大家與一個共識，就是生命的尊嚴是不容否認的。大家一起來維護生命的神聖性。

Jahr 提出，人類的道德義務不僅應該對人類，而且應該對一切形式的生命。他追溯到法國的聖人 St. Francis of Assisi（1182-1226）所展示對所有生命和整個自然的愛為榜樣，呼籲人民堅持對生命的熱愛。Jahr 還指出，印度哲學，特別是 Sankya 學派教導說，在任何情況下都不應該允許人類以犧牲共生生物為代價來生活。例如，印度耆那教（Jainism）的追隨者戴上面紗，以防止吸入微小的飛蟲。神學家 Schleiermacher 宣稱，如果沒有合理的理由，那麼摧毀任何生命及其形成是不道德的。[4] 哲學家 Krause 要求尊重包括植物、動物在內的每一個人，並斷言所有形式的生命都擁有與人類相似的生存權利。叔本華也聲稱應對動物有同情心。Jahr 還引用了聖經「狼將與羔羊同住，豹將與小山羊、小牛、獅子和肥牛同居，一個小孩子將帶領他們……」（以賽亞書 11 章）描述了一個和平的世界生命倫理花園。當神與諾亞立約時，正如聖經在創世記中所說，包括了所

有的生命。這不僅是與人類的盟約，也是上帝與所有自然界所立的盟約。

在 Jahr 的文章提到 Bioethics 時，他寫道：「如果我們對動物有一顆慈悲的心，那麼我們就不會停止對受苦的人類發出慈悲和幫助。如果某人的愛大到足以超越人類的界限，即使在最卑微的受造物中，也能看到聖潔，那麼他或她也會在最貧窮、最卑微的人類身上找到這種聖潔，會高舉它，不會把它降低到劣性人類的等級，社會利益集團……。」[5]

因此，Jahr 提出他的生命倫理學要求的是：「原則上尊重每一個生命，並視其為目的，如果可能的話，就這樣對待它」。[6] 毫無疑問的，Jahr 並不是一個提出全面禁止殺戮動物的極端思想家，而是表達了對所有生命形式的全面善意。他說，所有的植物和動物都擁有與人類相似的權利，但不是平等的權利，因此當有理由認為人權比動物權利更珍貴時，人類可以行使合理正當的權利，但它必須以對其他眾生心存感恩之心來進行。他舉了一個 Eduard von Hartmann 所說的例子：「每當我在一杯水中看到一朵玫瑰，我無法抗拒這是一種不愉快的事，即一個人裁剪了一朵花的唯一目的只是為了他／她眼睛的享受，而花枯萎死去的時候，眼睛不也看到了冷酷不自然的死亡。[7]Jahr 堅持的是，除非有合理的理由，否則人類不應該摧毀任何形式的生命。他暗示，為了人類而犧牲任何形式的生命，都必須有合理的理由。因此，他在他的生命倫理命令中說：「原則上尊重每一個生物，並視其為目的，如果可能的話。以此待之。」和 Schleiermacher 一樣，Jahr 只有在有合理理由的情況下才能宰殺動物。這種對生命倫理的關注不是單一的努力，而是從人類延伸到動物，從個人到社會，從社會到整個環境。

Sass 所描述廣義上的生命倫理必須包括個人健康的責任和公共衛生義務，並將其置於一個人所處時代的實際挑戰，從普遍性和綜合生命倫理的廣泛視野來力行新倫理。[8]

Fritz Jahr 思想對生命倫理學的啟發

一、生命倫理學的三個方面

Jahr 的擔憂是生命倫理學不僅應該成為一門涉及人類個人福祉的學科，還應該要求生態正義，涵蓋地球上所有形式的生命。如果我們認為生命倫理學只是對人體的生物學或醫學的關注，我們的理解將是短視的。根據 Jahr 的說法，生命倫理學的範圍更廣，包括生物醫學，環境和社會問題。因此，生命倫理學除了醫學倫理外同時也是環境倫理學、動物倫理學、植物倫理學、性倫理學、企業倫理學、政經倫理學、社會倫理學……。

這種觀點與我個人在《醫學倫理與人文》一書中對生命倫理學的描述相呼應，書中我認為生命倫理學至少應該包括三個方面，即生物醫學、社會和環境。基本上，倫理學是一門關係的科學，目的在增強宇宙中不同力量間相互平衡的恢復與和諧，[9] 其方法建立在包括人與人，人與自我，人與自然和人與上帝在內所有關係之間的相互尊重之基礎上，因此，生命倫理學必須全面整合。Jahr 的洞察力與亞洲人的倫理學信念相吻合，這種信念從人到人，延伸到自然整個宇宙。綜合生命倫理學不僅關心人類的健康、社群福祉、社會和諧，還關心地球的狀況，包括其中所有形式的生活。我們尊重生命，並將努力確保生活中所有的關係都是互惠和珍惜的。用 Jahr 的話說，原則上尊重每一個生物作為目的，並盡所能如此對待之。

生命學倫理學關心醫療決策的過程與品質，無論是在臨床環境中還是在新藥和新創醫療程序的實驗參與。我們必須考慮這些是否對所有相關的事務都公平？動機是為了公共利益嗎？又秉持相互尊重的努力來從進行嗎？這些擔憂呼應了善意、仁慈、自主、正義、同情、正直、尊嚴、責任

等生命醫學原則……。醫病關係的緊張與糾紛本不應該存在，因之生命醫學倫理呼籲雙方的尊重，二者之互依關係必須建立在和諧上。沒有一個人的生命比他人更尊貴，醫生也好，學者也好，農夫也好，弱婦也好……，大家都被給予相同價值的生命，不應有高低之分。出生的時候，我們空手來到世間，死亡的時候我們也一樣空手歸去。因之還活著的時候，讓我們互相尊重。

環境倫理學是生命倫理學的重要組成部分，因為如果我們的生活環境變得不利於我們的生存，就不需要其他的生命倫理學了。換句話說，如何照顧我們的生活環境，是所有倫理問題中最為重要的核心，Jahr 的呼籲就是指標。Jahr 深刻地強調了將我們的倫理關注擴展到地球上所有生命形式的重要性，這正是這種環境倫理的表達。如果生命倫理學旨在促進所有人之間的和諧關係，我們必須開始學習如何與我們的自然和平又和諧地共處。生命倫理關係必須整合在人與人之間、人與宇宙中所有自然的關係中。人類只是地球的管家，而不是自然的主人。我們必須謙卑自己，照顧我們所處的地球。人類不過是一種生物，與所有其他生物一樣，必須與所有存在和諧相處。

社會關係是人際關係的延伸，從一個人到一個人到另一個人。沒有人能孤立地生活，必須學會與他人和平相處。社會倫理一直是儒家關係的重心。每個人都被賦予了一定的責任和義務，必須遵守力行。所謂五倫即君臣、父子、夫妻、兄弟、朋友，[10] 就是儒家這種社會關係的基礎。每個人在不同的情況下扮演著不同的角色，必須有同理心、正義、禮節和誠信採取相應行動。

二、生命倫理學必須全面整合

Jahr 啟發了我們將道德問題從人類擴展到動物及全地。他首先研究了

現代心理學，其中包括所有生物的研究。他稱之為生物心理學，不僅對人類，而且對所有生物承擔道德責任。[11] 換句話說，生命倫理學是逐漸包容的，因為一個人不僅是一個物質存在，同時也是一個社會存在，對他／她所嘗試的任何事情負責。因此，當試圖使人際關係人性化並為人類帶來福祉時，生命倫理學絕不能只有一個關注點。健康不能僅是沒有疾病，而是整個存在的福祉，必須得到全面的照顧。因此，促進人類福祉的生命倫理學是開放性的。

亞洲生命倫理學強調一個人的身體、思想和精神平衡的重要性。[12] 換句話說，人類不僅僅是一種生物存在，他也是一種心理和社會存在，從來不會被孤立也不能隔離其他影響。綜合的生命醫學倫理不僅強調醫病關係，還延伸到包括患者的家人及其周圍環境，因為一個人的身體、思想和精神平衡的完整健康應該是醫學關注的焦點。一個人不僅受到自己身體狀況的影響，還受到他的生活環境、社會交往和家庭的影響。20 世紀末對生命醫學倫理學重要性的發現證明，人類已經成熟，認識到一個人的健康必須是整體的和綜合的。

隨著技術的飛速發展，東西、南北之間的距離被大大縮短。人與人之間的交流也變得即時。然而，這些進步是有代價的。生態危機、人際關係惡化、社會商業化、醫療保健私有化……等降低了人類的親密度和信任度。難怪「非人性化的人類關係」（dehumanization）或「失落的一代」（lost generation）被用來描述現代人類的狀況。雖然科技給人們帶來了便利，但它也疏遠了人際關係，耗盡了地球資源。空氣汙染和水汙染窒息了我們的環境，破壞了我們的自然生態系統。怪不得 Van R. Potter 表示，為了讓人類在未來生存，我們必須發展出一種對世界和自然負責的新倫理。

哲學家、神學家、生態學家和生命倫理學家 Fritz Jahr 呼籲在人類的所有努力中承擔道德義務，並表示我們必須對所有形式的生命負責。他的

生命倫理要求「尊重每一個生物，生命本身應該被視為目的」，這一點將以人為中心的關係擴展到了更廣泛的生物世界。基於他的理論，我們可以假設他的倫理學不僅是以身體為導向的，而是透過生物、社會、心理和精神形成更深入地了解整個存在。Jahr 寫道：「從生物心理學開始，它只是向生命倫理學邁出的一步，即不僅對人類，而且對所有形式的生命承擔道德義務。實際上，生命倫理學不僅僅是現代的發現。過去一個特別吸引人的例子是聖法蘭西的形象，他對動物的熱愛，他對生命的所有形式的憐惜，比盧梭早了幾個世紀。」[11] 他一次又一次的重調道：……我們行動的指導原則即是生命倫理的要求：原則上尊重每一個生物，將其本身視為目的，並在可能的情況下加以力行。[13]

三、相互性是生命倫理努力的基礎

Jahr 認為，如果我們對動物有一顆富有同情的心，那麼我們就不會放棄我們對於受苦難之人的同情心。如果一個人的愛足夠偉大，可以超越人類的邊界，甚至在最悲慘的生物身上看到這種神聖性，他或她也會在最貧窮的人類同胞身上找到這種神聖性，會把它高高舉起，不會把它降低到只有利益。[14]Jahr 想說的是，除非我們能關心其中最微小的，否則我們就無法關心他人。這種觀點是綜合生命倫理學的基礎，因為綜合生物倫理學將確保生活中的所有相關因素都必須納入並加以考慮，以便在所有相關事物之間找到相互尊重，從患者與醫生、丈夫與妻子、社會互動、地球生活環境和世界之間的關係開始。「像別人對你一樣對待別人」[15] 或「愛人如己」是中國和基督教的黃金教義。這種相互尊重和加強應該成為綜合生命倫理學的基礎。在他關於自我保護義務的文章中，他說；如果一個人在這方面保護自己免受傷害，那麼他同時也會對自己的鄰居有益，實際上對整個國家都有好處。[16]

四、在臨床意義上必須考慮相互性的三個方面

1. 相互溝通（mutual communication）：必須彌合患者和醫生之間的差距，以確保溝通渠道的暢通和理解。沒有這種坦率，就無法建立信任。相互交流強化了人類的四項基本權利，即發表意見的權利、知情權、安全權和選擇權。當溝通線沒有任何阻礙和猶豫、不間斷地運行時，便可以建立良好的醫患關係。

   相互關係確保雙方處於平等地位，並作為夥伴而不是主僕來發揮作用。病人並不是為了醫生而存在，醫生也不為了病人而存在，他們為彼此相互造就，使醫學進步，健康得保障。

2. 相互服從（mutual subjection）：患者應意識到醫生擁有患者所不具備的知識和技能。病人看醫生因為他有需要，在這裡醫生提供他的專業知識來幫助。但是除非病人誠實和徹底地提供他的病情資訊，否則醫生不能正確診斷病人的問題。雖然醫療技術可以檢測出無法透過對話發現的東西，但這種相互服從在醫患關係中仍然起著重要作用。他們需要彼此，為彼此服務。

3. 相互尊重（mutual respect）：自主原則是尊重的表達，但它要以正義為基礎。正義是指對類似個案一視同仁，提供相同的服務，不因社會地位、性別、膚色、宗教信仰而有所偏袒。病人也有人的尊嚴，醫生必須在關懷態度上表現出應有的尊重。反之亦然。

結語

　　綜／整合生命倫理學（integrated bioethics）尊重所有形式的生命，並考慮到所有事物，對所有的可能性持開放的態度，並在所有的努力中呼籲正義、憐憫、愛心、寬容和責任。復合與和諧的生命倫理要促進互信的醫

病關係，在人類與大自然的緊張中得到舒緩，在人與人之間實現相互的關懷。

參考文獻

1. Potter VR: *Bioethics: Bridge to the Future*. Englewood Cliffs, NJ: Prentice-Hall International, Inc. 1971: 1-2

2. Potter VR: *Bioethics: Bridge to the Future*. Englewood Cliffs, NJ: Prentice-Hall International, Inc. 1971: 7

3. Miller IM and Sass HM: Essays in Bioethics and Ethics 1927-1947 Fritz Jahr. Bochum: Zentrum fur Medizinische Ethik. 2011: abstract

4. Miller IM and Sass HM: Essays in Bioethics and Ethics 1927-1947 Fritz Jahr. Bochum: Zentrum fur Medizinische Ethik. 2011: 2

5. Miller IM and Sass HM: Essays in Bioethics and Ethics 1927-1947 Fritz Jahr. Bochum: Zentrum fur Medizinische Ethik. 2011: 7-8

6. Miller IM and Sass HM: Essays in Bioethics and Ethics 1927-1947 Fritz Jahr. Bochum: Zentrum fur Medizinische Ethik. 2011: 27

7. Miller IM and Sass HM: Essays in Bioethics and Ethics 1927-1947 Fritz Jahr. Bochum: Zentrum fur Medizinische Ethik. 2011: 3

8. Miller IM and Sass HM: Essays in Bioethics and Ethics 1927-1947 Fritz Jahr. Bochum: Zentrum fur Medizinische Ethik. 2011: 50

9. Tai MC: *The Way of Asian Bioethics*. Taipei: Princeton International Co, 2008: 46-48

10. Confucius Analects 12:11

11. Miller IM and Sass HM: Essays in Bioethics and Ethics 1927-1947 Fritz Jahr. Bochum: Zentrum fur Medizinische Ethik. 2011: 1

12. Tai MC: *The Way of Asian Bioethics*. Taipei: Princeton International Co, 2008: 18

13. Miller IM and Sass HM: Essays in Bioethics and Ethics 1927-1947 Fritz

Jahr. Bochum: Zentrum fur Medizinische Ethik. 2011: 4

14. Miller IM and Sass HM: Essays in Bioethics and Ethics 1927-1947 Fritz Jahr. Bochum: Zentrum fur Medizinische Ethik. 2011: 8

15. Confucius Analects 13: 19

16. Miller IM and Sass HM: Essays in Bioethics and Ethics 1927-1947 Fritz Jahr. Bochum: Zentrum fur Medizinische Ethik. 2011: 24

國家圖書館出版品預行編目資料

復合與和諧的生命倫理／戴正德著. ――初
版. ――臺北市：五南圖書出版股份有限公
司, 2023.01
面；　公分
ISBN 978-626-343-649-7（平裝）

1.CST: 生命倫理學

197　　　　　　　　　　111021075

5J0J

復合與和諧的生命倫理

作　　　者 — 戴正德（445.5）

發 行 人 — 楊榮川

總 經 理 — 楊士清

總 編 輯 — 楊秀麗

副總編輯 — 王俐文

責任編輯 — 金明芬

封面設計 — 姚孝慈

出 版 者 — 五南圖書出版股份有限公司

地　　　址：106臺北市大安區和平東路二段339號4樓

電　　　話：(02)2705-5066　　傳　　真：(02)2706-6100

網　　　址：https://www.wunan.com.tw

電子郵件：wunan@wunan.com.tw

劃撥帳號：01068953

戶　　　名：五南圖書出版股份有限公司

法律顧問　林勝安律師事務所　林勝安律師

出版日期　2023年1月初版一刷

定　　　價　新臺幣400元

經典永恆・名著常在

五十週年的獻禮 —— 經典名著文庫

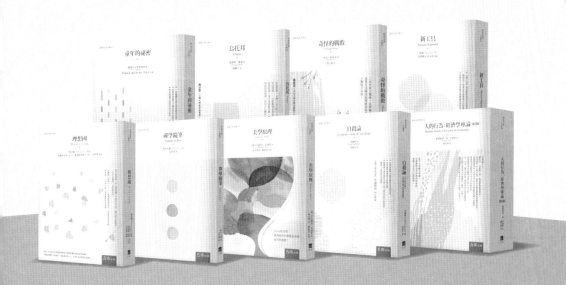

五南，五十年了，半個世紀，人生旅程的一大半，走過來了。
思索著，邁向百年的未來歷程，能為知識界、文化學術界作些什麼？
在速食文化的生態下，有什麼值得讓人雋永品味的？

歷代經典・當今名著，經過時間的洗禮，千錘百鍊，流傳至今，光芒耀人；
不僅使我們能領悟前人的智慧，同時也增深加廣我們思考的深度與視野。
我們決心投入巨資，有計畫的系統梳選，成立「經典名著文庫」，
希望收入古今中外思想性的、充滿睿智與獨見的經典、名著。
這是一項理想性的、永續性的巨大出版工程。
不在意讀者的眾寡，只考慮它的學術價值，力求完整展現先哲思想的軌跡；
為知識界開啟一片智慧之窗，營造一座百花綻放的世界文明公園，
任君邀遊、取菁吸蜜、嘉惠學子！